企→业→日→常→管↓理←系←列←丛←书

生产管理

常见问题清单

邱翠萍
编著

地震出版社
Seismological Press

图书在版编目（CIP）数据

生产管理常见问题清单 / 邱翠萍编著 . -- 北京 : 地震出版社 , 2021.10
（企业日常管理系列丛书 / 陈明星主编）
ISBN 978-7-5028-5241-2

Ⅰ . ①生… Ⅱ . ①邱… Ⅲ . ①企业管理—生产管理 Ⅳ . ① F273

中国版本图书馆 CIP 数据核字 (2021) 第 093048 号

地震版 XM4558/F（6086）

生产管理常见问题清单
邱翠萍 编著
特约编辑：段会敏 冯晶晶
责任编辑：李肖寅
责任校对：凌 樱

出版发行：地 震 出 版 社
北京市海淀区民族大学南路 9 号 邮编：100081
发行部：68423031 68467991 传真：88421706
总编室：68462709 68423029
证券图书事业部：68426052
http：//seismologicalpress. com
E-mail：zqbj68426052@ 163. com
经销：全国各地新华书店
印刷：北京柯蓝博泰印务有限公司

版（印）次：2021 年 10 月第 1 版 2021 年 10 月第 1 次印刷
开本：710 × 960 1/16
字数：290 千字
印张：16.5
书号：ISBN 978-7-5028-5241-2
定价：48.00 元

编辑委员会

前 言

PREFACE

常言道："不想当将军的士兵不是好士兵！"每个人都应该有自己的职业追求，将自己锻炼成为一名出色的职场精英。有了目标，工作起来才有劲头，才会让自己获得长足的发展。

工作就是在解决问题，解决问题的水平体现了一个人工作能力的高与低。如何在日常工作中，通过解决每个实际问题而不断提升自己的工作能力，是每个人晋升和自身发展亟待解决的问题！为此，我们特别编写了"企业日常管理系列丛书"。

该丛书包括：《财务工作常见问题清单》《采购管理常见问题清单》《仓储管理常见问题清单》《新产品运营管理常见问题清单》《供应链管理常见问题清单》《行政工作常见问题清单》《绩效管理常见问题清单》《客户服务常见问题清单》《企业资本运营常见问题清单》《人力资源工作常见问题清单》《商品配送管理常见问题清单》《生产管理常见问题清单》《物流服务常见问题清单》《销售团队管理常见问题清单》《促销管理常见问题清单》《项目运营常见问题清单》《国际贸易管理常见问题清单》《大客户销售常见问题清单》共18本，对日常工作常见问题和容易忽略的细节问题进行了梳理，并在整体上架构了不同职位人士的日常工作模型，让每一项工作一目了然，细节无遗漏，工作不失误。读者可以根据自己所需即查即用，轻松解决工作问题。

本丛书有如下特点。

第一，能帮助读者重新梳理自己的工作问题，让工作脉络更加清晰。

第二，能帮助读者加深对每项工作的理解，书中既有针对工作问题的规范性操作，也有经验性的总结，两者的完美结合会对工作问题的解决起到了事半功倍的作用。

第三，每项工作都设有工作场景描述，读者可以根据工作需要，即查即用，避免了在漫天的文字中间寻找答案，非常实用、方便。

第四，能帮助读者养成总结工作经验的习惯。

第五，引导读者形成“问题导向”的工作意识，从此进入自我提升的快车道。

本丛书认真选取了当下企业中的热点职位及重点部门，从日常工作的实际问题出发，针对每个工作问题进行了思路拓展性解读与分析，给出了经验性的总结阐述，可改善从业者的当前工作局面，为从业者搭建起提升工作能力的可靠阶梯，也为相关专业工作人员全面提升业务水平提供了可借鉴的方法。

现代企业的生产活动由若干生产环节组合而成，采用流水线式的作业模式。如果某个环节出现工作失误，必然影响其他相关环节，避免工作失误对于生产部门来说尤为重要，这就要求生产部门明确工作流程管理，关注每个工作环节的细节问题。

本书倡导“生产工作清单式管理”，以“生产管理常见问题”为主题展开，全面梳理生产管理工作中的常见问题，嵌入问题导向的思维意识，重新定义每一项生产管理工作，并采取操作指导与工作经验提示相结合的表达方式，全面阐述生产管理工作的每一个关键点。

这是一本揭开生产管理工作问题导向思维方法的书。读者朋友可以对照生产管理工作中的常见问题，即查即用。

本丛书在编写过程中，得到了相关从业者及工作伙伴的大力支持和配合，在此一并表示感谢！

目　录

CONTENTS

第1章　生产计划管理常见问题

第2章 生产现场管理常见问题

第3章 产品设计与质量管理常见问题

第1章

生产计划管理常见问题

关于企业的生产系统，传统的生产方式采用以物料需求计划（MRP）为主的推进式生产系统，精益生产方式则采用以看板管理为主的拉动式生产系统。我国企业应结合市场、企业现状，将物料需求计划（MRP）与看板管理相结合，建立真正有效的精益生产系统。

1.1　如何选择生产系统

> **工作场景描述**
>
> 当企业不能正确识别自身生产形态，选择最优生产系统时，可查看。

解读与分析

对于大多数生产制造企业来说，产品由许多零部件构成，往往每个零部件要经过多道工序加工而成。组织这样的生产，企业可以采用两种不同的生产系统，即推进式生产系统与拉动式生产系统。

1.推进式生产系统

计划部门根据市场需求，按产品构成清单对所需的零部件规格和数量进行计算，得出每种零部件的需求量和各生产阶段的生产前置时间，确定每个零部件的投入、产出计划，按计划发出生产和订货的指令。每一生产车间都按计划生产零部件，将零部件实际完成情况反馈给生产计划部门，并将加工完的零部件送到下一道工序或下游生产车间，而无视下一道工序或下游生产车间当时是否需要。在这种生产方式中，物流和信息流基本上是分开的。整个过程相当于从前（前道工序）向后（后道工序）推动，故这种生产方式被称为推进式生产方式。实行推进式生产方式的生产系统即推进式生产系统。

对于推进式生产系统来说，进行生产控制的目的是保证按生产计划的要求完成生产，具体表现为以整体生产计划为系统流程的基础，制订的主生产计划及生产执行计划均包括能力需求计划，这样使物料需求计划成为可行的计划。

推进式生产系统具有车间现场管理、采购等功能，各部分相关的执行结果，均可立即取得和更新。

推进式生产系统会受到许多因素的干扰，如设备发生故障、品质不良、物料不足、停线等，经常不能做到每道工序都按时完成生产。而且一般产品通常都是由许多物料组成的，而生产计划只能做到明确某产品或某产品的某单元一天（或一段时间内）做多少，很难事前明确所有物料的精确交货期，因此，对大多数企业来说，很难达到预期的效果。

2.拉动式生产系统

从市场需求出发，由市场需求信息决定产品组装，再由产品组装拉动零部件加工。每道工序、每个车间都按照当时的需要向前一道工序、上游车间提出需求，发出工作指令，前道工序、上游车间完全按这些指令进行生产。物流和信息流是结合在一起的。整个过程相当于从后（后道工序）向前（前道工序）拉动，故这种方式被称为拉动式生产方式。“销售一个，制造一个”是拉动式生产方式的形象说法。在生产线上，就意味着后道工序每消耗一个零部件，就向前道工序发出制造指令。精益生产方式采用的就是拉动式生产系统。生产计划部门制订主生产计划，其他车间及工序根据主生产计划，按下一道工序、下游车间的需求来制订生产计划。

采用拉动式生产系统可以真正实现按需生产。如果每道工序都按下一道工序的要求，在适当的时间按需要的品种与数量生产，就不会发生不需要的零部件被生产出来的情况。

生产企业的管理过程很复杂。不同行业、规模的企业在其管理上都有区别。即使在同一企业生产同一产品，由于管理者不同，生产的方式、管理方法和制度也有差异。

生产管理制度的基本架构同生产计划的功能有密切关联，因为生产计划的功能能够大致决定生产管理制度的基本架构。所以不同的企业应该结合本企业的管理制度，选择切合自身的生产计划控制系统。

3.识别企业的生产形态，选择最优生产系统

分析生产计划的功能，最重要的是对生产形态的分析。市场竞争的加剧，使企业非常需要构建能够迅速应对市场变化的生产体系。以下四点，有助于我们了解企业的生产形态。

（1）产品的种类和生产量：从品种的数量和生产量的大小出发观察生产。

（2）接到订单的日期：从接到订单的日期出发观察生产。

（3）生产的连续性：按生产的方式决定连续性生产或是达到一定数量后再生产。

（4）启用库存品和生产的关系：接到订单再启用库存去观察生产。

从接到订单的日期出发观察生产是了解企业生产形态的重要内容。我们以此为例来区分企业的生产形态，选择生产系统。企业只有接到订单，产品的生产才算有效。接到订单以后，生产就会按某种形态展开。从接到订单的日期出发观察生产，可把生产分为三种形态。

（1）预先生产——预估（计划）生产型。这是先生产，后接到订单的方式，即事前掌握客户的需求，然后决定产品式样，进行设计，筹备制造，产品完成之后再接单、发货。它属于预估生产型。因此，这一类企业应该选择推进式生产系统。这一类的企业，在市场需求变动大，新产品竞争激烈时，就会产生很多问题。

改善要点：预测实际化、生产均衡化、产品开发安定化与迅速化。

（2）接单生产——个别订货生产型。接到订单之后再生产的方式，称为订货生产型。这是接到订单后，再决定产品式样，然后设计、筹备制造产品的生产方式。这类企业应该选择拉动式生产系统。这类企业很难对需求时间做预测，经常遇到突然接到订单，有时甚至是紧急订单的情形，产品品种、样式时常变更，作业不安定等都是问题所在。

改善要点：估计正确化，零件、材料标准化，交期管理彻底化，作业流程化及缩减在制品的数量。

（3）零件预先生产——混合生产型。把生产一分为二，即先做零件的预估生产，成品则待接到订单后再生产，基本上属于混合生产型。因此，这类企业对于生产系统的选择也应该一分为二，即对于零件的预估生产，应该选择推进式生产系统；而对成品的接单生产，则应选择拉动式生产系统。

这种方式的问题在于交期短，品种增加，在制品库存大，操作率低。

解决方法：改为小批量生产，作业安排单纯化，加工和装配同期化，生产流程化与标准化。

关键点提示

生产制造企业的两种生产系统为：

1.推进式生产系统；2.拉动式生产系统。

1.2 如何实施MRP生产系统

工作场景描述

当企业出现生产流程混乱，各车间、工序衔接不当等现象时，可查看。

解读与分析

物料需求计划（Material Requirement Planning，MRP），即根据产品结构各层次物品的从属和数量关系，以每个物品为计划对象，以完工时间为时间基准倒排计划，按提前期长短区别各个物品下达计划的先后顺序，是一种生产制造企业内物资计划管理模式。MRP采用推进式生产系统，是实现推进式生产的主要方式。

1.MRP的基本任务

按需求的来源不同，企业内部的物料需求可分为独立需求和相关需求两种类型。独立需求是指需求量和需求时间由企业外部来决定的需求，例如，客户订购的产品、科研试制需要的样品、售后维修需要的备品备件等需求；相关需求是指根据物料之间的结构组成关系由独立需求的物料所产生的需求，例如，对半成品、零部件、原材料等的需求。

MRP的基本任务是：从最终产品的生产计划（独立需求）导出相关物料（原材料、零部件等）的需求量和需求时间（相关需求），根据物料的需求时间和生产（订货）周期来确定其开始生产（订货）的时间。所以MRP的基本内容是编制零部件的生产计划和采购计划，MRP还需要知道产品的零部件结构，即物料清单，这样才能把主生产计划展开成零部件计划。同时，必须知道库存数量，才能准确计算出零件的采购数量。

2.MRP的基本构成

基于MRP的基本任务，我们得出MRP的基本构成是：主生产计划、物料清单、库存信息。

（1）主生产计划。主生产计划是确定每一具体的最终产品在每一具体时间段内生产数量的计划。这里的最终产品是指对于企业而言，最终完成、即将出厂的完成品，要具体到产品的品种、型号。这里的具体时间段，通常以周为单位，有些情况下，也可以是日、旬、月。主生产计划详细规定生产什么、什么时段应该产出，它是独立需求计划。主生产计划根据客户合同和市场预测，把经营计划或生产大纲中的产品系列具体化，使之成为展开物料需求计划的主要依据，起到从综合计划向具体计划过渡的作用。

（2）物料清单。MRP系统要正确计算出物料需求的时间和数量，特别是相关需求的时间和数量，首先要知道企业所制造产品的结构和所有用到的物料。产品结构列出成品或装配件的零部件组成、装配关系和数量要求。它是MRP产品拆零的基础。

当然，这并不是我们最终所要的物料清单。为了便于计算机识别，必须把产品结构图转换成规范的数据格式，这种用规范的数据格式来描述产品结构的文件就是物料清单。它必须说明组件（部件）中各种物料需求的数量和相互之间的结构关系。表1–1就是一张简单的与自行车产品结构相对应的物料清单。

表1–1　自行车物料清单

层次	物料号	物料名称	单位	数量	类型	成品率	ABC码	生效日期	失效日期	提前期/天
0	GB950	自行车	辆	1	M	1.0	A	20180101	20201231	2
1	GB120	车架	件	1	M	1.0	A	20180101	20201231	3
1	GL120	车轮	个	2	M	1.0	A	20180101	20201231	2
2	GB890	轮胎	套	1	B	1.0	B	20180101	20201231	7
2	GBA30	辐条	根	42	B	0.9	B	20180101	20201231	4
1	113000	车把	套	1	B	1.0	A	20180101	20201231	4

注：类型中“M”为自制件，“B”为外购件。

（3）库存信息。库存信息用于反映企业所有产品、零部件、在制品、原材料等的存在状态。在MRP系统中，将产品、零部件、在制品、原材料甚至工装工具等统称为物料或项目。为便于计算机识别，必须对物料进行编码。物料编码是MRP系统识别物料的唯一标识。

①现有库存量：是指在企业仓库中实际存放的物料的可用库存数量。

②计划收到量（在途量）：是指根据正在执行的采购订单或生产订单，在未来某个时段物料将要入库或将要完成的数量。

③已分配量：是指尚保存在仓库中但已被分配掉的物料数量。

④提前期：是指执行某项任务时从开始到完成所消耗的时间。

⑤订购（生产）批量：是指在某个时段内向供应商订购或要求生产部门生产某种物料的数量。

⑥安全库存量：是指为了预防需求或供应方面不可预测的波动，在仓库中应经常保持的最低库存数量。

根据以上的各个数值，可以计算出某项物料的净需求量：

净需求量=毛需求量+已分配量-计划收到量-现有库存量

于是，现在我们就可以计算各个产品及相应部件的需求量了。要注意的是，提前期的存在，使得物料的计划交付时间和净需求的时间有时会出现不一致。另外，我们为了简化计算，也暂时没有将安全库存量考虑在内。产品A的需求量计算见表1-2。

表1-2　产品A的需求量计算（产品A，提前期=2，批量=10）

时段/周	1	2	3	4	5	6	7	8
毛需求量	20	10		30	30	10		
已分配量	0							
计划收到			40					
现有库存（40）	20	10	50	20	-10	-10		
净需求量					10	10		
计划交付			10	10				

以上计算过程表明，虽然1、2、4、5、6周均需要A，但实际上A只要3、4周每周交付10个即可。这个计划下达时间和数量就是部件B和C的毛需求的时间和数量表1-3、表1-4。

表1-3　部件B的需求量计算（部件B，提前期=1，批量=20，1A=2B=2′，10=20）

时段/周	1	2	3	4	5	6	7	8
毛需求量	20	10		30	30	10		
已分配量	0							
计划收到			40					
现有库存（40）	20	10	50	20	-10	-10		
净需求量					10	10		
计划交付			10	10				

表1-4 部件C的需求量计算（部件C，提前期=3，批量=60，1A=3C=3′，10=30）

时段/周	1	2	3	4	5	6	7	8
毛需求量			30	30				
已分配量								
计划收到								
现有库存（50）	50	50	20	-10				
净需求量								
计划交付	60							

从这一层的分解中可以看出，对于部件B，它还需要在第3周交付10个，为此我们还要按照产品结构展开下一层的分解。分解方法和步骤同前，这里我们就不一一展开了。经过以上的展开计算后，我们就可以得出产品A的零部件的各项相关需求量。然而，现实中企业的生产情况远没有这样简单。在许多加工制造性的企业中，由于产品种类繁多，并不只是产品A要用到部件B、部件C以及零件D和E等，可能还有其他产品也需要用到，也可能零件D、E还有一定的独立需求（如作为服务件用）。所以，MRP要做的工作是先对企业在一定时段内对同一零部件的毛需求进行汇总，再据此算出它们在各个时段内的净需求量和计划交付量，并据此安排生产计划和采购计划。这里，为了解释它的原理，我们可以假设还有产品X要用到零件D，此外，零件D还有一定的独立需求。

求得了零件D的总需求量，我们可以根据前面介绍的原理，进一步计算出该零件总的净需求量和计划交付量。由此，有关的生产计划和采购计划就能够在适当的时间给予安排。这样，我们就完成了一个MRP的基本运算循环。这种借助于先进的计算机技术和管理软件而进行的物料需求量的计算，与传统的手工计算方式相比，计算的时间大大缩短，计算的准确度也相应地得以大幅度的提高。

MRP是根据长期生产计划来制订短期主生产计划，而这个主生产计划必须经过产能负荷分析，才能够真正实现，才是可行的，然后执行物料需求计划和能力需求计划、车间作业计划及对其进行控制。

根据以上特点，MRP将是一个集计划、执行、反馈为一体的综合性生产系统，它能对生产中的人力、机器和材料等各项资源进行计划与控制，使生产管理的应变能力有所加强。

关键点提示

MRP的基本构成是：

1.主生产计划；2.物料清单；3.库存信息。

1.3 如何创建拉动式生产系统

工作场景描述

当企业想创建拉动式生产系统时，可查看。

解读与分析

拉动式生产是精益生产的中心思想之一。所谓拉动，就是完全以客户需求为驱动力，以“看板”为链条，将后道工序消耗的物料直接作为前道工序的订单，拉动前道工序的生产。精益生产方式采用拉动式生产系统。

1.精益生产方式的特点

（1）真正实现按需生产。如果每道工序都按下道工序的要求，在适当的时间，按需要的产品品种与数量生产，就不会发生不需要的零部件被生产出来的情况。

（2）用看板代替计划表。精益生产方式的最独特之处是，向最后一道工序以外的各道工序出示每月大致的生产品种和数量计划，作为其安排作业的参考基准，而真正作为生产指令的投产顺序计划只下达给最后一道工序，其余所有工序的作业现场没有任何生产计划表，其需要生产的品种与数量是在后道工序在需要的时候顺次向前道工序传递的看板中指定的。

（3）力求生产准时。精益生产方式将生产准时作为第一目标，带来的是“零”库存、准时交货，从而减少资金的占用，降低企业经营风险。精益生产方式鼓励通过改善工艺流程等方式来缩短单位生产时间。但是，用改善工艺流程等方式缩短单位生产时间的措施在实验（或实施）前，应提前1日（或几小时）告知生产计划部门和前后道工序，生产计划部门或前后道工序修改当日的生产计划或生产指令，这样才能保证当日的生产顺畅、不停滞。改善结果标准化后，生产计划（或生产指令）应按最新的单位生产时间来编制（或下达生产指令）。这样做的原因在于生产计划是按市场出货需求制订的，只要准时出货，就能按市场需求卖出。

2.创建拉动式生产系统

（1）了解生产计划种类。在精益生产方式中，通常根据企业的市场预测制订三个阶段的生产计划：长期计划，即年度计划或3～5年计划；中期计划，即未来数月或一个月的生产计划，如季度计划、月度计划；短期计划，如当月计划、周计划、日计划等。

那么，这三种计划在精益生产方式中的特点是什么呢？其特点见表1–5。

表1–5　长期计划、中期计划、短期计划的特点

特点	长期计划（战略层）	中期计划（管理层）	短期计划（作业层）
总任务	制订总目标及获取所需的资源	有效利用现有资源，满足市场需求	合理配置生产能力，执行厂级计划
管理层次	高层	中层	基层
时间段	3～5年或更长	1年内	1个月内
详细程度	非常概括	概略	具体、详细
不确定性程度	高	中	低
决策变量	产品线 工厂规模 设备选择 供应渠道 员工培训 生产与库存管理系统类型选择	工厂工作时间 劳动力数量 库存水平 外包量 生产速度	生产品种 生产数量 生产顺序 生产地点 生产时间 物料库存控制方式

从表1–5中可以看出，由于所面临的环境因素不同，各类计划有各自不同的任务、管理层次、计划方式和要处理的问题，即决策变量。

①长期计划。其主要作用是为年度财务预算、固定资产（设备等）和不动产（厂房等）的投入、预定开发新产品类别及预定淘汰目前在产品类别、生产布局规划等提供依据。长期计划的任务主要是预测各大类产品在市场上的销售数量。长期计划要处理的是企业的发展与外部环境的关系问题，因此要由企业的高层领导负责制订。长期计划又称为战略层计划。

②中期计划，即未来数月或一个月的生产计划，如季度计划以及月度计划等。其主要作用是让企业各部门（主要是生产部门、采购部门等）根据长期计划，评价在未来数月或一个月里，生产能力是否与计划相匹配、供应商与采购部门能否对应、各部门人员是否充足。中期计划应由企业主管生产的部门负责，其要做的决策是适应需求的变动安排利用生产能力，这里可以调节的生产能力因素有工厂工作时间、劳动力数量、库存水平、外包量、每月产量水平以及生产速率等。

③短期计划，即当月计划、周计划、日计划等。其主要作用是根据市场需求，制订企业最终产品的生产计划（在精益生产方式里称之为主生产计划），既要确保准时出货，又要使产品库存最小化。另外，生产最终产品以外的车间、仓库、采购等部门，依据主生产计划、产品生产工序设定、搬送路径与距离（或运输路途远近）、制造准备时间、单位生产时间等，制订各自的生产指令、出货指令等等。

（2）制订生产计划。

①长期计划，通常由企业的事业企划部（生产规划部）制订。这样的计划一年制订两个，主要大致规划准备生产的品种和数量，一般不做具体计划。

②中期计划。中期计划主要包括两种计划：生产计划大纲和产品出产进度计划。

生产计划大纲规定企业在计划年度内的生产目标，用一系列指标来规定企业在产品品种数量、质量、产量和产值等方面应达到的标准。

③短期计划。短期计划包括物料需求计划、生产能力需求计划、总装配计划以及在这些计划实施过程中的车间内的作业进度计划和控制工作。

a.物料需求计划，分解为构成产品的各种物料的需求数量和需求时间的计划，以及这些物料投入生产或提出采购申请的时间计划。

b.生产能力需求计划，即通常所说的设备负荷计划。它根据零件生产的工艺路线和工时定额，来预计各工作中心（设备组）在各时间周期内应提供的生产能力，然后参考实有能力，编制出车间的生产作业计划。

c.总装配计划，即最终产品的短期出产进度计划。

d.车间内的作业进度计划和控制工作包括作业分派、调度及生产进度的监控与统计工作，对外购的物料，则编制物资供应计划，并对其实施控制。

综上所述，拉动式生产系统以最终用户的需求为生产起点，依靠看板组织生产运作，人工干预、控制生产节拍，强调物流平衡，追求实现零库存。

关键点提示

创建拉动式生产系统时要做到：

1.了解生产计划种类；2.制订生产计划。

1.4 如何选择生产计划指标

工作场景描述

当企业尚未明确生产计划各项指标的具体内容时，可查看。

解读与分析

生产计划指标是制订生产计划的重要依据。生产计划指标主要有：产品品种指标、产品质量指标、产品产量指标与产值指标等。它们各有不同的内容，从不同的侧面反映了企业生产计划期内对生产活动的要求。

1.产品品种指标

产品品种指标是指企业在生产计划期内应该生产的产品品种的名称和数目。产品品种指标可表明企业在产品品种方面满足社会需要的程度，反映企业的专业化协作水平、技术水平和管理水平。企业努力发展新品种，注重产品的更新换代，对于满足市场的需要具有重要意义。

2.产品质量指标

产品质量指标是指企业在生产计划期内生产的各种产品应该达到的质量标准。它反映了产品的内在质量（如力学性能、工作精度、使用寿命、使用经济性等）及外观质量（如产品的外形、颜色、包装等）。

产品质量是产品使用价值的重要标志。保证和提高产品质量，是企业完成生产任务、满足市场需要的一个十分重要的方面。企业的产品质量，也综合反映了企业的技术水平和管理水平。

3.产品产量指标

它是企业在生产计划期内应当生产、提供的可供销售的工业产品的实物数量和工业性劳务的数量。产品产量指标通常采用实物单位或假定实物单位来计量，它是反映企业生产成果的一个重要指标。它还是国家进行物资平衡工作的依据，也是企业进行供、产、销平衡和编制生产计划、组织日常生产的重要依据。

4.产值指标

为了计算不同品种的产品总量，企业需要运用综合反映企业生产成果的价值指标，即产值指标。企业产值指标有产品产值指标、总产值指标与净产值指标等三种形式。

（1）产品产值指标。产品产值是指企业在计划期内应当出产的可供销售的产品和工业性劳务的价值，一般按现行价格计算。在计算产品产值时，工业性劳务对象的价值和订货者自备材料的价值不应该包括在内。产品产值指标是反映企业生产成果的重要指标，它可表明企业在生产计划期内向市场提供的产品总价值。

（2）总产值指标。它是用货币形式表现的企业在生产计划期内应该完成的工作总量，一般按不变价格计算。总产值指标反映了一定时期内企业生产的总体规模和水平，是计算企业生产发展速度及劳动生产率指标的重要依据。

（3）净产值指标。净产值指标可表明企业在计划期内新创造的价值。一般按现行价格计算工业净产值，可采用生产法与分配法来计算。

①用生产法计算净产值时，以总产值为基础。其计算公式为：

净产值=总产值−物质消耗价值

物质消耗价值是指原材料、燃料、辅助材料、固定资产折旧价值以及其他物质消耗费用。

②用分配法计算净产值，是从国民收入的初次分配角度出发，将构成净产值的各项要素（如工资、利润、税金等）直接加总。其计算公式为：

净产值=工资+税金+利润+其他具有国民收入初次分配性质的支出

其他具有国民收入初次分配性质的支出，主要包括差旅费、市内交通费、员工培训费、利息支出、罚金支出等。

生产计划指标是反映企业生产各方面情况的重要工具，企业在选择生产计划指标时首先要明确其内涵，再作出选择。

关键点提示

生产计划指标包括：

1.产品品种指标；2.产品质量指标；3.产品产量指标；4.产值指标。

1.5　如何将 MRP 和看板管理结合使用

工作场景描述

当企业在实行MRP或看板管理中出现运行中断的情况时，可查看。

解读与分析

精益生产方式的关键一点是企业各供应商能实现“精益”供货，即按需要及时供货。使整个交错并行的供应链实现“精益”，其过程可想而知是非常漫长的。不管企业的精益生产改造深度如何，只要存在采购周期长的原材料/零部件，就得依赖基于推进式生产方式的MRP，计算出合理的采购提前期和采购量，以保证生产的正常进行。所以对于选择精益之路的企业而言，如何架起“精益”与MRP之间的桥梁非常重要。

1.MRP与看板管理之间的差异

（1）主生产计划。MRP系统可以帮助企业将经营规划和生产规划分解、组合成具体的主生产计划，利用模拟功能，还可以预计主生产计划发生改变后造成的影响。看板管理的理论中不涉及如何编制和维护主生产计划，它是以一个现成的主生产计划为开端的。所以采用准时化生产方式的企业需要依靠其他系统来制订主生产计划。

（2）物料需求计划。MRP系统可以按照主生产计划、物料清单和库存数据准确地得出物料需求计划，并可以根据实际情况的变化进行修改和反馈信息。为了使MRP系统得出的物料需求计划准确有效，必须确保主生产计划在物料采购提前期内的稳定。虽然采用看板管理的企业通常将仓库外包给供应商管理，但是仍然需要向供应商提供一个长期、粗略的物料需求计划。一般的做法是按照一年的成品销售计划得出原材料的计划用量，同供应商签订一揽子订单，具体的物料需求日期和数量则完全由看板来体现。

（3）能力需求计划。MRP系统可以帮助人们把主生产计划转换为能力需求计划，生成负荷报告，然后根据负荷报告分析结果调整主生产计划。需要注意的是，在反馈、调整的过程中，人工参与是很多的，因为现在MRP系统还不能自动平衡能力需求中的超负荷或负荷不足的情况。看板管理不参与制订主生产计划，自然也就不参与制订能力需求计划。实行看板管理的企业通过工序设计、设备布置、人员培训等手段来实现生产过程的均衡化，从而大大减少了生产过程中能力需求不平衡的现象。看板管理可以很快地暴露出能力过剩或不足的工序或设备，然后通过不断改进来消除问题。

（4）仓库管理。使用MRP系统的企业在仓库管理方面的优势通常体现在两方面：一是有效地降低了库存，这是由于有了准确的物料需求计划；二是提高了库存数据的准确性，使之可以作为财务记账的可靠依据，从而提高了整体工作效率。采用看板管理方式后，生产线从仓库领取物料的数量被控制在看板数量之内，仓库订购的物料数量也不能超过看板数量，这样能部分地解决库存积压问题。但是由于采购的提前期不可能与生产线物料的需求间隔同步，生产线又没有预先按照计划时间进行物料需求计算，故在生产活动发生时通过看板传递到仓库的物料需求能否及时得到满足就成了一个问题。仓库如果不预先准备一部分库存，那么在看板突然增多时就会发生缺料情况。不进行物料需求计算，就不可能准确预计到何时产生物料需求，仓库的物料库存积压和短缺问题也就不可能得到完全解决。

（5）生产线在制品管理。使用MRP系统的企业对在制品数量难以控制，系统中的数据与实际情况也很难保持一致。造成这一现象的间接原因是MRP系统是一个推进式生产系统，前道工序的生产是按照系统计算出的后道工序需求来确定的，而不是由实际生产过程中后道工序的需求来确定的，所以必然会出现生产线在制品管理困难的现象。实现准时化生产的企业要想将在制品数量控制在看板数量之内，关键在于确定一个合理有效的看板数量。

（6）技术支撑.因为MRP系统在企业的计划层次运行，是基于现有的生产情况运行的，所以对企业的生产设备和技术改进没有新的要求。设备工艺落后的企业依旧可以通过MRP系统提高整体管理水平，获得效益。有些企业忽略了看板管理的技术支撑体系，从而导致了在实践中的失败。单纯采用看板管理不可能全面实现生产过程的合理化，应该首先从生产过程的合理化入手，不断改进作业方法，完善生产条件，然后逐步过渡到看板管理。由此可以看出，具备技术支撑体系是实现看板管理的关键所在。

（7）人员素质要求。MRP系统要求准确、及时地进行数据处理，人员需要经过培训，使用计算机系统来取代手工作业。实施看板管理的企业不仅仅要求员工能在正常情况下进行标准化作业，还要求员工尽快解决生产过程中的各种突发问题，保证生产流程的顺畅。总体而言，看板管理对人员素质的要求高于MRP。

（8）适用行业。MRP系统适用于制造业的离散式和流程式两种生产模式，基本上各类制造企业都能使用MRP系统管理生产、采购、仓储、计划和财务。准时化生产方式的适用范围就比较窄了，通常只有采用流水线方式制造或装配产品的企业才适用，典型行业是汽车制造业。但是准时化生产方式中的一些管理思想，如杜绝浪费和过量生产、柔性生产、设备快速调整、全员参与改善活动等等，对于所有企业都是有借鉴意义的。

2.MRP和看板管理相结合的模式

MRP和看板管理各有所长，也各有所短。过去企业只能在两者之中选择一种作为企业的生产管理模式，所以在生产过程中不可避免地会出现各自的缺陷。之后人们想将二者结合起来使用，充分发挥各自的长处，避免各自的短处。

（1）用MRP系统制订维护主生产计划。在当前的市场环境下，企业面对不同客户的众多需求和自身的经营规划，需要使用能迅速制订满足各方面要求、真正可行的主生产计划的系统。仅仅依靠手工作业的方式制订主生产计划是很难达到要求的，因此企业需要借助计算机系统来帮助制订主生产计划。现阶段能够做到这一点的只有MRP系统。

（2）用MRP系统制订物料需求计划。传统的MRP系统根据主生产计划计算得到物料需求计划，其不仅仅包括对原材料的需求，还包括对半成品的需求。但是，我们知道MRP系统计算出的半成品需求与生产现场的实际情况并不一定一致，这是造成在制品管理困难的重要原因，所以不再使用MRP系统进行半成品需求的计算，直接将成品的主生产计划分解为对原材料的采购需求。

为了不计算半成品需求，需要在物料清单中引入虚项的概念。虚项是用来标识通常不入库或一组不可能装配在一起的零件。MRP系统不会对虚项进行需求计算，而是直接对组成虚项的原材料进行需求计算。虚项的半成品的生产需求将由看板来决定。

用MRP系统根据成品的主生产计划，按照物料清单进行需求分解，计算出原材料在不同计划时段内的毛需求，再根据现有库存和订单情况确定最终的净需求，即原材料采购计划。即使MRP系统产生的原材料净需求与实际生产过程中的看板需求数量有差异，差异也不会很大，一般不可能出现缺料或材料积压的情况。这说明用MRP系统制订的原材料需求计划是反映了物料的实际需求情况的。如果单纯使用看板管理来确定原材料需求，那么只有在主生产计划开始实行时，而不是制订时，才知道原材料的需求信息。在我国目前的市场条件和交通条件下，是很难做出及时反应的。

（3）生产现场采用看板管理。使生产现场各工序的节拍合拍是生产控制的关键。如果采用MRP系统来管理，就会出现MRP系统对各工序分别下达生产指令，各工序按照指令各自开工生产的情况。前道工序按照系统计算出的后道工序的需求进行生产，产量不一定与后道工序的实际需求相吻合。这是因为，MRP系统的计划时段通常是以周或天为单位的，而实际上许多企业，尤其是流水线生产方式的企业，各工序的加工时间是以分钟甚至秒为单位的。系统的时间单位与实际的不一致，就容易造成系统的需求与实际需求之间出现时间差，从而容易造成生产现场在制品积压和生产活动混乱的状况。采用看板管理就可以避免这种情况的发生。看板在生产过程的各工序之间周转，将与取料和生产的时间、数量、品种等相关信息一起，从生产过程的下游传递到上游，并将相对独立的工序结合为一个有机的整体。

在广泛采用看板管理方式的汽车制造业中，为了能解决仓库管理的难题，企业往往采用将仓库外包给供应商管理的方法。这就要求供应商必须能随时提供所需的物料，在生产线领取物料的同时发生物料所有权转移。这实质上是将库存管理的包袱丢给供应商，由供应商承担库存资金占用的风险。这样做的前提条件是与供应商签订长期一揽子订单，供应商减少了销售风险和费用，也就愿意承担库存积压的风险了。

关键点提示

MRP和看板管理结合使用的模式为：

1.用MRP系统制订维护主生产计划；2.用MRP系统制订物料需求计划；3.生产现场采用看板管理。

1.6　如何编制生产计划

工作场景描述

当企业要进行生产计划编制，但对生产计划编制步骤不了解时，可查看。

解读与分析

生产计划是生产管理的重要内容。在现代生产企业中，各项生产作业活动分工很细，没有完整、具体的生产计划，整个生产活动就很难协调进行。企业在编制生产计划时要按以下步骤进行。

1.调查研究，收集资料

编制生产计划的主要依据，大致包括以下几个方面的内容。

（1）整个社会的经济状况和国家的政策指引。

（2）企业长远的生产发展规划。

（3）国内外市场的经济技术情报及市场预测资料。

（4）计划期产品销售量、上期合同执行情况及成品库存量。

（5）上期生产计划的完成情况。

（6）技术措施计划与执行情况。

（7）计划生产能力与产品工时定额。

（8）产品试制、物资供应、设备检修和劳动力调配等方面的资料。

在收集资料的同时，还要注意学习和研究国家有关的方针政策，认真总结上期计划执行的经验和教训，研究在生产计划中贯彻企业经营方针的具体措施。

2.初步制订生产计划

统筹安排，初步制订生产计划，此时应着眼于更好地满足社会需要和提高生产经济效益，对全年的生产作业任务作出统筹安排，具体包括以下几个方面。

（1）优选和确定产量指标。

（2）合理安排产品出产进度。

（3）各产品品种的合理搭配生产。

（4）将企业的生产指标分解为各个分厂、车间的生产指标。

3.综合平衡，确定生产计划

把需要同可能结合起来，将初步提出的生产计划同各方面的条件进行平衡，使生产任务得到落实。综合平衡内容主要包括以下几个方面。

（1）通过平衡生产任务与生产能力，测算企业设备、生产面积对生产任务的保障程度。

（2）通过平衡生产任务与劳动力，测算工种数量、劳动力的数量，检查劳动生产率水平对生产任务的保障程度。

（3）通过平衡生产任务与物资供应，测算主要原材料、动力、工具、外协件对生产任务的保障程度及生产任务同材料消费水平的适应程度。

（4）通过平衡生产任务与生产技术准备，测算产品试制、工艺准备、设备维修、技术措施等与生产任务的适应和衔接程度。

（5）通过平衡生产任务与资金占用，测算流动资金对生产任务的保障程度等。

生产计划是根据企业生产需要和生产能力，对生产作业的各个环节进行的考虑和安排。它对于企业生产非常重要，尤其是对制造型企业和加工装配型企业而言，生产计划的内容更多，编制要求也更高。

关键点提示

编制生产计划的步骤包括：

1.调查研究，收集资料；2.初步制订生产计划；3.综合平衡，确定生产计划指标。

1.7　如何确定生产周期

工作场景描述

当企业要准确把握生产周期的确定方法时，可查看。

解读与分析

确定生产周期是生产计划管理的重要内容。生产周期如果制订得准确、合理，可以使生产作业活动衔接紧密，减少生产时间的损耗。

1.确定标准生产周期

（1）计算工艺阶段的生产周期。以机械加工为例，一批零部件工艺阶段的生产周期计算公式如下：

$$T=\sum_{1}^{m}\frac{n\times t_0}{c\times s\times k_1}\times k_2+\sum_{1}^{m}t_p+m\times t_q+t_r+t_s$$

式中，T为一批零部件工艺阶段的生产周期；m为车间内部零部件加工的工序数；n为批量；t_0为零部件的工序单件工时定额；c为每日有效工作时间；s为执行该工序的工作场地数；k_1为预计定额完成系数；k_2为工序之间的平行系数；t_p为工序中调整设备工具的时间；t_q为平均每道工序的间断时间；t_r为跨车间协作工序的时间；t_s为工艺规定的自然时效时间。

（2）计算产品的生产周期。把各个工艺阶段的生产周期汇总起来，就是产品的生产周期。由于各个零部件的装配程序比较复杂，因此产品生产周期的确定，一般采用图表法。

根据零部件的工艺加工文件和产品的装配系统图，来确定零部件的工艺周期和各个零部件的组合情况。在绘制产品生产周期图时，要尽可能地使各个零部件的工艺加工阶段平行交叉，以缩短整个产品的生产周期。为了防止生产脱节，在各个工艺阶段之间要留有必要的保险时间。

为了简化工作和便于人们观看，绘制产品生产周期图时，一般只需绘出主要零部件，不必一一绘出所有零部件的生产周期。复杂的大型产品，如轧钢机组、大型发电机等，可以运用网络图的形式来确定其标准生产周期。

2.确定生产提前期

生产提前期，是指产品（零部件）在各生产环节出产（或投入）的时间同成品出产时间相比所要提前的时间。生产提前期同标准生产周期间有着密切的联系，它是在确定了各个生产环节的生产周期的基础上制订的。

（1）当前后车间生产批量相等时，确定提前期。

①计算产品投入提前期。产品在最后一个加工车间的投入提前期，等于产品在该车间的标准生产周期。而其他任何一个车间的产品投入提前期都要比相应车间的产品出产提前期再提早一个相应车间的标准生产周期。因此，计算产品投入提前期的一般公式如下：

某车间产品投入提前期=本车间产品出产提前期+本车间标准生产周期

②计算产品出产提前期。产品在某车间的出产提前期，除了要考虑后车间的投入提前期以外，还需要加上与后车间之间必要的保险期。保险期一般是根据经验和统计资料分析确定的。这是为了预防本车间可能发生出产误期情况而预留的时间，以及办理交库、领用和运输等所需要的时间。

计算产品出产提前期的公式如下：

某车间产品出产提前期=后车间产品投入提前期+保险期

（2）当前后车间生产批量不等时，确定提前期。如果前后车间生产批量不等（成简单倍数关系），计算各车间产品投入提前期的公式，仍与上述公式相同，即等于本车间产品出产提前期加上本车间标准生产周期。但是，在计算产品出产提前期时则有所不同。这是因为前车间批量大，出产一批产品（零部件）可供后车间几批投入之用。这时，某车间产品出产提前期的数值就应比依上述公式计算的结果大一些，即要加上前后车间生产间隔期的差。计算公式为：

某车间产品出产提前期=后车间产品投入提前期+保险期+（本车间产品生产间隔期-后车间产品生产间隔期）

由于批量相等时前后车间生产间隔期的差等于零，因此，此计算公式在前后车间生产批量相等的情况下也同样适用，这是计算产品出产提前期的一般公式。

标准生产周期和生产提前期是生产计划的重要计量标准，在组织各生产环节紧密衔接、减少在制品占用量、缩短交货期限等方面有着重要的作用。

关键点提示

确定生产周期时要做好以下工作：

1.确定标准生产周期；2.确定生产提前期。

1.8　如何编制车间作业计划

工作场景描述

当企业要编制车间作业计划，但尚未掌握车间作业计划的编制方法时，可查看。

解读与分析

当企业的生产计划编制完成以后，企业需要将生产任务分配给各个车间，编制车间作业计划。这项工作可以由企业厂部管理人员编制，也可以由车间负责人编制。

1.明确车间作业计划的编制过程

分解企业的生产任务时，首先要把企业的生产任务分解到车间，编制车间作业计划，然后进一步把车间任务分解到工段、小组，编制分工段或分小组的作业计划。这两步工作的方法、原理是相同的，区别只是计划编制的详细程度有所不同，以及计划编制的责任单位（厂部或车间）有所不同。

（1）对象专业化的车间，即每个车间分别独立完成一定产品的全部（或基本上全部）生产过程，各个车间之间平行完成相同或不相同的生产任务。在这种情况下，厂部编制车间作业计划的方法比较简单，基本上按照各个车间既定的产品专业分工来分配生产任务。同时，也要考虑各车间的生产能力负荷等情况，适当加以调整。

（2）工艺专业化的车间，即各个车间是依次加工半成品的关系。在这种情况下，编制车间作业计划的方法比较复杂。分配各车间任务时，既要保证企业的成品出产任务按期、按量地完成，又要确保各个车间之间在生产的数量和期限上有序衔接。

要想实现上述要求，企业就要从成品出产任务出发，按照工艺过程的相反顺序，逐个地编制各个车间的生产作业计划。

2.选择车间作业计划的编制方法

由于企业的生产类型等情况不同，编制车间作业计划有下列方法。

（1）在制品定额法。对在制品定额与实际在制品结存量进行比较，就可以发现各生产环节之间有没有发生脱节。按照在制品数量经常保持在定额水平之上的要求来安排各生产环节的投入和出产任务，就可以保证生产过程协调进行。

①在制品定额法是按照产品的反工艺顺序，从成品出产的最后一个车间开始，逐个往前推算的。计算各车间投入、出产任务的公式如下：

某车间出产量=后车间投入量+该车间外售量+（库存半成品定额−期初库存半成品预计结存量）

某车间投入量=该车间出产量+该车间计划废品量+（该车间在制品定额−期初该车间在制品预计结存量）

②最后工序车间的出产量即企业的成品出产量，它与车间的半成品外售量，是根据生产计划任务来确定的。计划期初的库存半成品和车间在制品的结存量，一般根据编制

计划时的账面结存量加上预计将要发生的变化量来确定，到计划期开始时，再根据实际盘点数加以修正。

编制车间作业计划时，不仅要规定车间全月的总生产任务，而且要规定车间在计划期内的生产进度（用出产量表示）。大量流水生产企业，一般可以规定每日的生产进度。每日出产量可以是相等的，也可以是递增的，根据具体需要和可能的情况来确定。

（2）提前期法（又称累计编号法）。提前期法，就是将预先制订的提前期转化为提前量，然后计算同一时间产品在各生产环节的提前量，来保证各车间之间在生产数量上的衔接。

①采用提前期法时，生产的产品必须进行累计编号，所以又称累计编号法。所谓累计编号，是指从年初或从开始生产这种产品起，依成品出产的先后顺序，为每一件产品编上一个号码。由于成品出产号是按反工艺顺序排列的，因此，在同一时间，某种产品越接近完成阶段，其累计编号越小；越是处于生产开始的阶段，其累计编号越大。在同一时间上，产品在某一生产环节上的累计编号，同成品出产累计编号相比，相差的号数叫作提前量。提前量的大小同产品的提前期成正比。它们之间的关系可以用以下公式来表示：

$$提前量=提前期\times平均日产量$$

②具体计算过程。先计算产品在各车间计划期末应达到的累计出产和投入的编号，其计算公式是：

$$某车间出产累计编号=成品出产累计编号+该车间出产提前期定额\times成品的平均日产量$$

$$某车间投入累计编号=成品出产累计编号+该车间投入提前期定额\times成品的平均日产量$$

进一步计算各车间在计划期内应完成的出产量和投入量。

其计算公式为：

$$计划期内车间出产（或投入）量=计划期末出产（或投入）的累计编号-计划期初已出产（或已投入）的累计编号$$

最后，如果是严格地按照批量生产产品，则计算出的车间出产量和投入量，还应按各种零部件的批量进行修正，使车间出产（或投入）量和批量相等或是批量的倍数。

提前期法适用于成批轮番生产产品的企业。在这类企业中，由于各种产品轮番上下场，各个生产环节结存的在制品的品种和数量经常一样，因此主要产品的生产间隔期、批量、生产周期和提前期都是比较固定的。

（3）生产周期法。

①运用生产周期法规定车间生产任务时，首先要为每一批订货计划编制一份产品生产周期进度表。这个进度表是单件小批生产企业主要的期量标准。有了它，就可以规定各车间的生产任务了。

②根据合同规定的交货期限以及该产品的生产周期进度表，为每一项订货计划编制一份订货生产说明书，其中规定该产品（或产品各成套部件）在各车间投入与出产的时间。

③根据订货生产说明书，编制月度作业计划。在编制月度作业计划时，将计划月份应该投入和出产的部分摘出来按车间归类，并将各批订货计划的任务汇总起来，这就是计划月份各车间的投入、出产任务。由于单件小批生产企业的生产不稳定，在交付的车间计划任务表中，其进度要求往往比较概略，例如按旬或按周来要求，而且各类设备和工种的负荷情况经常变化，所以摘出汇总的生产任务，必须进行设备能力的负荷核算，经过平衡才能下达给车间。

生产周期法适用于根据订货计划组织生产的单件小批生产企业。这类企业生产的产品品种、数量和生产时间都不稳定，既不能采用在制品定额法，也不能采用累计编号法。

总之，车间作业计划是生产作业计划的具体化，计划制订者要充分分析企业的具体情况，了解每种方法的具体内容和计算方法，从而制订出合理的车间作业计划。

关键点提示

编制车间作业计划时要做好以下工作：

1.明确车间作业计划的编制过程；2.选择车间作业计划的编制方法。

1.9　如何确定产品生产交期

工作场景描述

当企业要选择产品生产交期的计算方法，确定产品的生产交期时，可查看。

解读与分析

确定产品生产交期应以订货合同为基础，本着生产均衡、负荷均匀、合理利用生产能力的原则，使生产技术准备工作，原材料、外协件等供应时间与数量同产品出产进度的安排协调一致，避免供应与生产脱节，影响生产的正常进行。产品生产交期的确定方法是企业将年度计划生产的产品，按品种、规格、数量，分季度、分月进行合理分配，并确定每种产品的出产时间和分期出产的数量。确定生产交期的重要内容是编制产品出产进度计划，具体工作内容包括以下几个方面。

1.制订大量生产企业产品出产进度计划

大量生产的企业，产品品种少，产量大，而且比较固定。因此，这种类型的企业安排产品出产进度时，主要是确定各月或者每日的产品产量。为了满足市场对各种产品的季节性要求，企业可用库存量来调节，考虑库存、生产和销售等因素，进行安排决策。因此，可有下面几种安排方法。

（1）平均安排法，即根据年生产总量，进行完全均衡的产品产量安排。具体计算方法和步骤如下。

①分月列出一年的有效工作日数。

②求出日产量，根据年计划生产总量和年有效工作日数进行计算：

日产量=年计划生产总量 ÷ 年有效工作日数

③根据日产量和各月有效工作日数安排各月的产量。

④列出生产日库存计划表。

（2）配合销售量变化安排法，即根据各月计划销售量的变化来安排生产任务。用这种方法安排生产任务时，总库存量会很小，但当销售量随季节变化比较大时，必然会产生某些月份生产能力不足的问题，因而必须采取加班加点等措施来解决。用这种方法安排生产任务可能会影响产品质量或造成工资支出增加等，但节约了流动资金。

（3）折中安排法，即采用介于上述两种方法之间的方法，既考虑销售量随季节变化的情况，又考虑生产的均衡。

究竟选用哪种安排方法，企业要根据具体情况进行经济效益分析，然后进行决策。

2.制订成批生产企业产品出产进度计划

在成批生产情况下，产品品种较多，少数品种产量大，定期或不定期地轮番生产，产品数量、出产期限的要求各不相同。因此，成批生产企业的产品出产进度计划，要着重解决不同时期、不同品种的合理搭配和按季度、按月分配产品产量的问题。

合理地搭配产品品种和分配产品产量是一项比较复杂的工作，即使产品品种不是很多，也会存在多种安排方案，因此，只有在特殊情况下才可以应用数学方法（如线性规划法）得出最优的安排方案，一般都是应用所谓的搜索法进行安排。采用搜索法安排产品出产进度的具体做法如下。

（1）企业的主导产品，即经常生产而且产量较大的产品，应首先给予安排——在符合销售计划要求的前提下，在全年各月份里都给予较均衡的安排。这样，可以使企业生产具有一定的稳定性。

（2）在不减少全年产品品种的前提下，尽可能减少同期（一季度或一个月）生产的品种数，以便在同期扩大产品批量。对于小批生产的产品，组织集中轮番生产，简化生产组织工作，提高经济效益。

（3）组织同类型（同系列）产品集中连续生产。同类型（同系列）产品的结构有很多相同之处，大部分零件可以通用。企业可以组织同类型（同系列）产品集中连续生产，这样就扩大了生产批量，提高了经济效益。

（4）需要用关键设备加工的产品，要适当分散，使关键设备和其他设备的负荷均匀，新产品与老产品要合理搭配，以保证生产技术准备工作的负荷均衡。

（5）尽可能使各种产品在各季度、各月的产量，同该产品的生产批量相等或成倍数关系，以利于生产作业计划的组织工作。

3.制订单件小批生产企业产品出产进度计划

单件小批生产企业的产品品种较多，而且是不重复生产或很少重复生产的品种。因此，在这类企业里，主要根据客户的要求，按照订货合同来组织生产。但是在编制年度产品生产计划时，往往只能确定一部分订货项目，大部分生产任务还不能具体确定。所以这种类型的企业在安排产品出产进度计划时，应注意以下问题。

（1）先安排已明确了的生产任务，而对那些还没有明确的任务，以概略的计量单位（t、kW或工时等）进行初步安排。当各项订货计划具体落实后，通过季度、月度计划对原初步安排进行调整。

（2）要考虑生产技术准备工作的进度和负荷的均衡，保证订货按期生产。要做好设备、人员的生产负荷均衡工作，为此，要做好生产能力的核算平衡工作。单件小批生产企业还要加强订货的组织管理工作，编制短期的生产计划，使之与年度生产计划相衔接。

总之，企业要根据自己的实际情况，制订准确合理的产品出产进度计划，保持良好的生产进度，与年度生产计划合理衔接。

关键点提示

确定产品生产交期的内容包括：

1.制订大量生产企业产品出产进度计划；2.制订成批生产企业产品出产进度计划；3.制订单件小批生产企业产品出产进度计划。

1.10　如何制作生产进度表

工作场景描述

当企业要掌握生产进度表的编制方法时，可查看。

解读与分析

生产进度表是安排生产任务及其日历进度、检查和控制生产进度计划执行情况的图表。随着科学技术的迅速发展，工业企业的生产规模日益扩大，生产过程越来越复杂，许多企业都采用生产进度表的形式来进行生产控制，以便有效地使用人力、物力、财力和时间等。

1.编制大量大批生产的月度生产进度计划表

在大量大批生产的条件下，各个车间的分工及联系相对稳定。同一时期内，各车间分工协作，生产同一种或少数几种产品的半成品，只要解决了各车间生产数量的协调问题，制订好在制品的定额，确定各车间产品投入量和出产量，明确了车间的生产任务，就可以编制月度生产进度计划表。

采用在制品定额法计算车间的生产任务。车间产品出产量和车间产品外销量，是根据企业下达的任务和订货合同的要求来确定的。按计划规定的废品率计算车间可能发生的废品数。仓库半成品和车间在制品的期初预计数量，应当根据账面数量加上预计数量来确定。正式下达计划时，还要按实际盘点数量进行调整。

安排好车间任务后，将计划任务按日进行具体分配，安排每日的生产量，编制月度生产进度计划表。

2.编制成批生产的月度生产进度计划表

成批生产的月度生产进度计划表的编制方式，与大量大批生产的月度生产进度计划表的编制方式相同。成批生产的特点是在稳定的成批生产条件下，各车间或工段（小组）轮番加工几种零部件。一般以半个月或一旬为期限安排一个轮番，以保证均衡地完成全月的生产任务。

3.编制产品投入和出产累计计划表

产品投入和出产累计计划表采用提前期累计编号法，通过对产品投入和出产累计数的计算，使车间在产品生产的期限和数量上进行衔接。

先将预定的提前期转化为提前量，确定各车间在计划月份应该达到的产品投入累计数和产品出产累计数，然后减去各车间在上月已投入和出产的产品累计数，计算各车间当月应完成的产品投入数和出产数，据此编制投入和出产累计计划表。

这里所说的“累计数”，是指从年初或开始生产这种产品时起所计算的累计数。按照预先制订的提前期标准，确定各车间在计划月份应该达到的产品出产和投入累计数，计算公式如下：

车间产品出产（或投入）累计数=最后车间产品出产（或投入）累计数+最后车间平均每日产品出产量×本车间产品出产（或投入）提前期

各车间计划期应完成的产品出产量和投入量按下式计算：

计划期车间产品出产（或投入）量=计划期末计划产品出产（或投入）累计数–计划期初已达到的产品出产（或投入）累计数

计算出车间产品出产量和投入量以后，还应根据各种零部件的生产批量进行调整，使车间产品出产量和投入量能够凑足合适的生产批量。

4.编制零部件工序进度表和机床负荷进度表

这是将企业生产任务落实到小组，安排小组生产任务的方法。生产稳定的小组可采用标准计划法来编制进度表。采用标准计划法编制进度表时，既要尽量使生产各种零部件的工序平行交叉，以缩短生产周期，又要使各道工序负荷平衡、相互衔接。

按照规定的出产日期，从最后一道工序开始反向逐序安排，并首先安排好那些工序最复杂、劳动量最大、产量最多的主要零部件的生产进度，然后安排那些工序简单、劳动量小、产量不多的次要零部件的生产进度。

当机床负荷发生冲突时，以先主后次的顺序，妥善地进行调整。

为了简化计划安排，在实际工作中，常常只安排主要工序和主要零部件的生产进度，其他工序和零部件可采用适时分配的方法，利用机床的空闲时间安排生产进度。

5.编制生产周期进度表

根据订货的情况编制生产周期进度表，进而规定各车间的生产任务。此方法适用于按订货安排生产的单件小批生产企业。

在单件小批生产条件下，处理好品种多变的问题与保持车间负荷均衡是企业编制生产进度计划时的重要任务。由于单件小批生产数量不稳定、产品少、重复生产，因此只能按订货合同要求的完工日期编制生产周期进度表，把生产技术准备和正常生产衔接起来，以保证按期交货。

生产周期进度表，考虑合同要求的交货日期、各阶段生产周期、平行交叉作业等因素，按工艺过程和准备过程相反的顺序编制。

总之，企业的生产计划对日常生产活动做了周密而具体的安排，企业还应编制各种生产进度表，对生产的进度进行及时监督和检查，如果发现偏差，应及时进行调整。

关键点提示

制作生产进度表时要做好以下工作：

1.编制大量大批生产的月度生产进度计划表；2.编制成批生产的月度生产进度计划表；3.编制产品投入和出产累计计划表；4.编制零部件工序进度表和机床负荷进度表；5.编制生产周期进度表。

1.11 如何控制生产进度

工作场景描述

当企业要了解如何控制生产进度时，可查看。

解读与分析

生产进度控制是指对产品生产计划、车间作业计划和生产进度计划所进行的安排和检查，其目的在于提高生产效率，降低生产成本，按期生产出优质产品。

1.生产进度的静态控制

它是指通过某一时间各生产环节所结存的在制品、半成品的品种和数量的变化情况来掌握和控制生产进度。这是从数量方面（横向）控制生产进度的一种方法。

（1）控制范围包括在制品占用量的实物和信息（账目、凭证等）形成的全过程，具体范围包括以下几方面。

①原材料投入生产的实物与信息的控制。

②在制品加工、检验、运送和储存的实物与信息的控制。

③在制品流转交接的实物与信息的控制。

④在制品出产期和投入期的控制。

⑤产成品验收入库的控制等。

（2）控制方法主要取决于生产类型和生产组织形式。

①成批和单件生产时，产品品种和批量经常轮换，生产情况比较复杂。在此条件下，一般可采用工票或加工路线单来控制在制品的流转，并通过在制品账目来掌握在制品占用量的变化情况，检查是否符合原定控制标准。如出现偏差，应及时采取措施组织调节，将偏差控制在允许范围之内。

②大量大批生产时，在制品在各个工序之间是按一定路线有节奏地移动的，各工序固定衔接，在制品的数量比较稳定。在此条件下，对在制品占用量的控制，通常采用轮班任务报告单结合生产原始凭证或账目的方式来进行，即将各工作地每一轮班在制品的实际占用量，与规定的定额进行比较，使在制品的流转和储备量经常保持正常占用水平。

生产进度控制要求对从原材料投入生产到成品出产、入库的全部过程进行控制，包括时间上的控制和数量上的控制。

在机械制造企业中，虽然对不同的生产类型和不同的生产组织采用不同的控制方法，但控制的依据主要是生产作业凭证，作业核算和作业统计、分析等信息资料。

2.生产进度的动态控制

它是指从生产的时间、进度方面（纵向）进行观察、核算和分析比较，从而控制生产进度的一种方法，一般包括投入进度控制、出产进度控制和工序进度控制等。

（1）投入进度控制，指对产品开始投入生产的日期、数量、品种进行控制，以便符合生产计划要求。它还包括检查各个生产环节，各种原材料、毛坯、零部件是否按提前期标准投入生产，设备、人力、技术措施等项目的投入生产日期是否符合生产计划日期等。

企业的生产类型不同，控制投入进度的方法也不相同，大致可分为以下几种。

①大量大批生产投入进度控制方法，可根据投产指令、投料单、投料进度表、投产日报表等进行控制。

②成批和单件生产投入进度控制方法。对成批和单件生产的投入进度控制比对大量大批生产的投入进度控制复杂。一方面要控制投入的产品品种、批量和成套性，另一方面，要控制投入提前期，利用投产计划表、配套计划表、加工线路单、工作命令及任务分配箱来控制投入进度。

（2）出产进度控制，指对产品或零部件的出产日期、出产提前期、出产量、出产均衡性和成套性的控制。出产进度控制，是保证按时按量完成生产计划，保证生产过程各个环节之间紧密衔接、各零部件成套出产和均衡生产的有效手段。

通常把计划出产进度同实际出产进度列在一张表上进行比较，从而进行控制。不同的生产类型有不同的控制方法。

①大量大批生产出产进度控制方法。它主要将生产日报（班组的生产记录、班组和车间的生产统计日报等）同出产日历进度计划表进行比较，从而控制每日出产进度、累计出产进度和一定时间内的生产均衡程度。

②成批生产出产进度控制方法。控制零部件成批出产日期和出产提前期时，可以在月度生产作业计划进度表中的“实际产量”栏中逐日填写完成的数量，然后得到实际产量与计划产量及计划进度的比较情况。

在成批生产条件下，控制零部件出产成套性时直接利用月度生产作业计划进度表。企业不但要对零部件的出产日期和出产提前期进行控制，还应对零部件的成套性进行控制。

③单件小批生产出产进度控制方法。其主要根据订货合同所规定的交货期进行控制，通常直接利用生产作业计划图表，只要在计划进度线下用不同颜色画上实际进度线即可。

在大量大批生产条件下，对投入和出产的控制往往是分不开的，计划与实际、投入与出产均反映在同一张投入出产日历进度表上。它既是生产计划表，又是企业核算表和投入出产进度控制表。

（3）工序进度控制。在成批、单件小批生产条件下，由于品种多、工序不固定以及各品种零部件加工时所需设备经常发生使用上的冲突，即使作业计划安排得很好、能按时投产，也会被投产后在生产执行过程中出现的干扰因素打乱。因此，对于成批或单件小批生产，只控制投入进度和出产进度是不够的，还必须加强对工序进度的控制。

常用的方法有以下几种。

①用工序票进行控制。按零部件加工顺序，每一工序开一工序票，交给操作者进行加工，完成后将工序票交回，再派工时又开一工序票，通知操作者加工。

②按跨车间工序进度进行控制。零部件有跨车间加工情况时，需加强跨车间工序的进度控制。明确协作车间分工及交付时间，由零部件加工主要车间全程负责，将加工路线单下达给它们。协作车间要认真填写协作单，并将协作单号及加工工序、送出时间一一标注在加工路线单上，待协作加工完毕，将协作单连同零部件送回时，主要车间要在协作单上签收，双方各留一联，作为记账的原始凭证。

③按加工路线单经过的工序顺序进行控制。车间、班组对加工路线单进行登记后，按加工路线单经过的工序顺序及时派工，遇到某工序加工迟缓时，要立即查明原因，采取措施解决问题，以保证按时按工序顺序加工。

在生产计划的执行过程中，企业的厂部负责人以及各工段、各小组负责人，都要重视生产进度的控制，时时监控生产计划的完成情况，发现问题后及时进行调整，避免影响整个生产计划的完成。

关键点提示

生产进度控制包括：

1.生产进度的静态控制；2.生产进度的动态控制。

1.12　如何进行准时制采购

工作场景描述

当企业生产原材料、零部件采购过剩，占用大量库存资金时，可查看。

解读与分析

准时制采购的基本思想是在恰当的时间、恰当的地点，以恰当的数量、恰当的质量采购恰当的物品。它和传统的采购方法在质量控制、供需关系、供应商的数目、交货期的管理等方面有许多不同，其中，关于供应商的选择（数量与关系）、质量控制的内容是其核心内容。

1.准时制采购的目的

推行精益生产方式前，首先要消除原材料和零部件的库存。由于外购原材料、零部件占用大量资金，不消除这种浪费，推行精益生产方式的效果就会打折扣。因此，必须消除采购过程中的浪费。

（1）消除不必要的工作。一般情况下，企业在采购过程中的大量活动是不增加产品价值的，如订货、改订、收货、开票、装卸、运输、品质检查、入库、点数、运转和送货等。准时制采购的目的就是要消除“不产生价值”的工作造成的浪费，减少外购原材料与零部件的库存。

（2）与供应商建立新型伙伴关系。在精益生产方式下，为了消除采购中的浪费而选择较少的、合格的供应商，并与之建立长期的、互利的合作关系是非常必要的。只有建立长期的合作关系，才能解决货物品质问题。合格的供应商具有较好的设备、技术条件和较好的管理水平，可以保证准时供货，保障货物品质。

（3）提高供应商品质和信任度。减少供应商数目，并提高供应商的品质与信任度，加强对供应商的长期投入，这样才能及时获得数量充足、品质优良的物料。如果满足品质要求的物料能够在需要时随时送到，那么实际上就不需要存货。只有在供应商不太可靠时，才有必要存储原材料和零部件。

2.准时制采购的特点

（1）采用较少的供应商，甚至采用单源供应方式。从理论上讲，单供应源比多供应源好，一方面，管理供应商比较方便，有利于降低采购成本；另一方面，有利于供需双方建立长期稳定的合作关系，物料质量比较有保证。但是，采用单一的供应源也有风险，比如供应商可能因想提高货物价格而推迟交货甚至中断交货等。在实际工作中，许多企业也不是很愿意成为单一供应商。原因很简单，一方面，供应商是独立性较强的商业竞争者，不愿意把自己的成本数据披露给客户；另一方面，是供应商不愿意成为客户的一个产品库存点。

（2）对供应商的选择，以质量为主要标准。在准时制采购模式中，供应商和客户是长期合作关系，供应商的能力将影响企业的长远经济利益，因此对供应商的要求就比较高。在选择供应商时，企业需要对供应商进行综合的评估，在评估供应商时，价格不是主要的因素，质量才是最重要的标准。质量不单指产品的质量，还包括工作质量、交货质量、技术质量等多方面内容。

（3）对交货准时性的要求更为严格。准时制采购的一个重要特点是要求交货准时，交货准时取决于供应商的生产与运输条件。

（4）信息共享。准时制采购要求供应与需求双方信息高度共享，以保障供应与需求信息的准确性和适时性。由于存在战略合作关系，供需双方在生产计划、库存以及质量等方面的信息可以及时进行交换，以便出现问题时双方能够及时处理。

（5）实行小批量采购的策略。小批量采购是准时制采购的一个基本特征。准时制采购模式下需要减少生产批量，直至实现“一个流”生产，因此应采用小批量采购的办法。

3.准时制采购的原理与方法

实施准时制采购时，以下三点是十分重要的。

①选择最佳的供应商，并对供应商进行有效的管理，是准时制采购成功实施的基石。

②供应商与企业紧密合作是准时制采购成功实施的关键。

③卓有成效的采购过程质量控制是准时制采购成功实施的保障。

如何有效地实施准时制采购呢？

（1）创建准时制采购班组。世界一流企业的专业采购人员有三种责任：寻找货源、商定价格以及发展与供应商的协作关系并不断改进。因此专业化的高素质采购队伍对实施准时制采购至关重要。为此，首先应成立两个班组，一个是专门处理供应商事务的班组，该班组的任务是认定和评估供应商的信誉、能力，或与供应商谈判签订准时化订货合同，向供应商发放免检签证等，同时要负责供应商的培训与教育工作；另外一个班组是专门从事消除采购过程中浪费的班组。这些班组人员对准时制采购的方法应有充分的了解和认识，必要时企业要对其进行培训，如果这些人员本身对准时制采购的认识和了解不够彻底，就不可能与理想的供应商合作了。

（2）制订计划，确保准时制采购策略有计划、有步骤地实施。计划的内容包括制订采购策略、改进当前的采购方式、减少供应商的数量、正确评价供应商、向供应商发放免检签证。在这个过程中，企业要与供应商一起商定准时制采购的目标和有关措施，保持经常性的信息沟通。

（3）精选少数供应商，建立合作伙伴关系。企业选择供应商时应从这几个方面考虑：产品质量、供货情况、应变能力、地理位置、企业规模、财务状况、技术能力、价格以及可替代性等。

（4）开展试点工作。先将某种产品或某条生产线作为试点，开展零部件或原材料的准时化供应试点工作。在开展试点工作过程中，取得企业各个部门的支持是很重要的，特别是生产部门的支持。企业通过开展试点工作，总结经验，可为正式实施准时制采购打下基础。

（5）做好对供应商的培训工作，确定共同目标。准时制采购是供需双方共同的业务活动，单靠采购部门的努力是不够的，还需要供应商的配合。只有供应商也对准时制采购的策略和运作方法有了正确认识和理解，企业才能获得供应商的支持和配合，因此需要对供应商进行准时制采购知识的教育培训。通过培训，大家取得一致的目标，相互之间才能够很好地协调，做好采购的准时化工作。

（6）向供应商颁发物品免检合格证书。准时制采购和传统采购方式的不同之处在于买方不需要对采购的物品进行比较多的检验。要做到这一点，供应商需要做到提供百分之百合格的物品，当其达到这一要求时，即发给其免检证书。

（7）采取配合准时制生产的交货方式。准时制采购的最终目标是实现企业的生产准时化，为此，预测的交货方式要向准时化适时交货方式方向转变。

（8）继续改进，扩大成果。准时制采购需要不断完善和改进，需要企业在实施过程中不断总结经验教训，从降低运输成本、提高交货的准确性和产品的质量、降低供应商库存等各个方面进行改进，不断提高准时制采购的运作绩效。

实施准时制采购时，需要减少库存。库存成本原先是在企业一边，现在转移给了供应商，因此企业必须意识到供应商的这种忧虑。小批量采购会增加运输次数和成本，对供应商来说，这是很为难的事情，特别是供应商与企业间距离较远的情形下，实施准时制采购的难度更大。解决的办法包括：采取混合运输、代理运输等方式，尽量使供应商靠近客户等。

供应商要想提高交货的准时性，可从以下两个方面着手：一方面，采用准时制的生产管理模式，以提高生产过程的准时性；另一方面，对运输进行有效的规划与管理，使运输过程准确无误。

关键点提示

要想有效地实施准时制采购，应做到：

1.创建准时制采购班组；2.制订计划，确保准时制采购策略有计划、有步骤地实施；3.精选少数供应商，建立合作伙伴关系；4.开展试点工作；5.做好对供应商的培训工作，确定共同目标；6.向供应商颁发物品免检合格证书；7.采取配合准时制生产的交货方式；8.继续改进，扩大成果。

1.13　如何选择供应商

工作场景描述

当企业在选择供应商时感到困难或与供应商的对接出现迟滞时，可查看。

解读与分析

在准时制采购模式中，通常采用的是单一供应源。但是，采用单一供应源也有风险，比如供应商可能因意外原因中断交货，供应商缺乏竞争意识等，这都会影响企业的生产。由于供应商和企业是长期合作关系，供应商的能力将影响企业的长远经济利益，因此企业在选择供应商时往往会再三思考，要求也就越来越高。

1.选择供应商时应考虑的因素

选择供应商时，有许多因素值得考虑。显然，物品、服务质量以及能否按时运送是很重要的考虑因素，此外还有许多考虑因素。如表1–6所示，各种因素的重要性因企业而异，甚至因不同产品或服务而异。因此，企业必须先根据产品或服务的要求为各因素分配权重，再根据这些权重选择供应商。

表1–6　选择供应商时应考虑的因素

因素	含义
生产提前期与按时运送	①供应商能提供的生产提前期是多少？ ②供应商有什么确保按时运送的程序？ ③供应商有什么证明和改进运送问题的程序？
质量与数量保证	①供应商用什么程序进行质量控制和质量保证？ ②质量问题及改正措施有文件证明吗？ ③为判断和改正物品不符的原因做过调查吗？
柔性	供应商面临数量、交付时间及物品或服务内容改变时，灵活性有多强？
位置	供应商就在附近吗？
价格	①供应商对既定物品的组合报价是否合理？ ②供应商愿意协商价格吗？ ③供应商愿意联合起来共同降低成本（与价格）吗？
物品或服务内容改变	①当物品或服务内容改变时，供应商能否预先给出通知？ ②对于变化，企业需要投入到什么程度？
信誉与财务状况稳定性	①供应商信誉如何？ ②供应商财务状况如何？
其他	供应商是否严重依赖其他买主，而使企业承担供应商优先满足其他买主需要的风险？

2.选择供应商的步骤

遵循选择供应商的标准，考虑评价的因素，企业可根据以下具体步骤，对供应商进行评选，然后选择能力符合要求的供应商。

（1）分析市场竞争环境。分析市场竞争环境的目的，在于找到针对哪些产品的市场来开发供应商合作关系。企业必须知道现在市场上的产品需求是什么，以确认客户的需求，确认是否与供应商建立合作关系，根据需求的变化确认与供应商合作关系变化的必要性，同时分析现有供应商的现状，分析、总结企业存在的问题。

（2）确定选择供应商的目标。企业必须确定选择供应商的目标，降低成本是主要目标之一。供应商的选择不是一个简单的选择过程，而是企业内部及企业与企业之间的一次业务流程重组过程，一个优化的业务流程本身就可以带来一系列利益。

（3）建立供应商评价标准。根据全面性、简明性、科学性、稳定性、可比性、灵活性和可操作性等原则，建立对供应商的综合评价指标体系。

（4）成立评价小组。企业必须成立一个控制和实施供应商评价的小组，成员主要来自采购、质量、生产、工程等与供应商密切合作的部门。每位成员必须具有团队合作精神，具有一定的专业技能。组建的评价小组，必须能够同时获得企业和供应商最高领导层的支持。

（5）供应商参与。一旦企业决定实施供应商评价，评价小组必须与初步选定的供应商取得联系，以确认它们是否愿意与本企业建立合作关系，是否有获得更高水平业绩的愿望。企业应尽早让供应商参与到评价程序的设计中来。

（6）评价供应商。评价供应商的一项主要工作是调查、收集有关供应商生产运营等方面的信息。在收集供应商信息的基础上，企业可以利用一定的工具和技术方法对供应商进行评价，然后，采取一定的技术方法进行供应商选择决策，从而与合格的供应商建立合作关系。如果没有合格的供应商可选，则需要调整选择供应商的目标。

（7）与供应商建立合作关系。由于市场需求不断变化，在与供应商建立合作关系的过程中，企业可以根据实际需要来修改供应商评价标准，或重新进行供应商评价、选择工作。在重新选择供应商的时候，应给予供应商充足的时间来适应这种变化。

3.审核供应商

定期审核供应商，主要是依照市场需求的变化情况，从价格、品质、交货、协调等方面对供应商进行定性与定量的考核评估，其中比较关键的指标有：退货率与逾期率。为了能与合格的供应商建立长期双赢的合作伙伴关系，企业有时还须定期或不定期地到供应商的供货处进行监督检查（这时当然需要供应商的陪同），或设监督点，对供应商生产车间的关键或特殊工序进行监督控制。

如果审核结果有问题，企业就可以在引发严重的后果之前把它们提出来。在审核供应商过程中，经常发现的典型问题有管理方式、质量保证、物料管理、设计程序、过程改进政策、改正措施与改进措施等方面的问题。由于企业的力量和资源是有限的，企业只能与少数的、关键的供应商保持紧密的合作关系，因此参与评价的供应商应尽可能少。

关键点提示

选择供应商的步骤包括：

1.分析市场竞争环境；2.确定选择供应商的目标；3.建立供应商评价标准；4.成立评价小组；5.供应商参与；6.评价供应商；7.与供应商建立合作关系。

1.14 如何建立良好的客户供应商互利关系

工作场景描述

当企业想与客户和供应商建立合作关系，以提高产品质量和企业声誉时，可查看。

解读与分析

依据全面质量管理的观点，每个企业对供应商来说都是一个客户，对其客户来说都是一个供应商，因而不应把每个企业看成一个孤立的个体。这个理念中蕴含的道理是：你的客户的客户，也是你的客户。有时一个企业必须关注直接客户和客户—供应商链中的厂家。企业应力图与其供应商、客户建立同样有价值的关系。通过发展合作关系，客户和供应商可以建立令双方满意的客户共享关系，以延长客户—供应商链。

在客户和供应商之间建立互利关系，这种观念的确立是从传统客户合作理念转向建立客户和供应商关系的重要开端。

1.客户—供应商关系建立的原则

（1）认识到客户和供应商的战略重要性。每个组织都必须认识到它的客户和供应商对于自己取得成功是至关重要的。尽管这可能是显而易见的，但许多组织似乎宁愿在工作中遵循标准操作规程，进行严格职责划分，也不愿试图满足客户的期望。

（2）在客户与供应商之间发展双赢关系。建立合作关系的目标可以被看作全面质量管理活动中合作原则的延伸。如果这种有价值的长期关系被建立起来，那么合作双方的需求都必须得到满足，这点应成为一种共识。合作关系需要很少的供应商，许多采购项目都采用单一货源。与极少量的供应商合作，企业不必每年进行招标，并可签订长期合同。这增加了为互利而合作的动力。举个例子来说，质量计划合作完成要比独立完成好得多。这可以帮助客户和供应商将焦点集中在满足客户要求的适用性上，而不是简单地符合质量规范。这也能培养出一种持续改进的精神，大客户通常会帮助小供应商建立质量管理体系和改善流程性能。

（3）将关系建立在信任的基础上。关系必须建立在信任而不是互相怀疑的基础上。在信任而非怀疑基础上建立的关系具有明显的合作特点，监视供应商和客户的行为不会为产品增加任何价值。如果在客户和供应商之间建立起信任的关系，那么双方都不用对彼此的行为进行检查，这样，检验和审计一类的成本就可以免去。

2.与客户交往的策略

与客户交往时，最基本的策略是不断收集关于客户期望的信息，在组织内广泛交流这些信息，利用这些信息设计、生产和交付产品和服务。

（1）收集客户信息。获得客户信息对于了解客户需求和识别改进机会是至关重要的。日本的汽车行业以努力了解客户需求而著称。其对客户需求的了解是如此透彻，以至于可以综合各种设计特征，使客户一旦尝试了其产品就会爱上它，而不用提出任何要求。汽车设计师小组会去客户家里拜访，并观察这些客户如何生活，以便预测他们对汽车将有怎样的需求。

（2）交流有关客户的信息。当收集到关于客户需求的信息后，下一步就是在组织内交流这些信息。毕竟，如果企业的成员作为一个小组去了解客户的期望，那么他们必定会“唱相同的赞美诗”。如果信息仅停留在那些把它们带入企业的人或部门手中，则不会有什么好处。

（3）客户信息必须被转化成组织产品和服务所具有的特征。从供应商的角度看，这是优质客户—供应商关系的底线：把客户要求的东西给他们。

收集客户信息最普遍的方法是调查、开展服务评估、焦点小组访谈和倾听客户在交易过程中的意见，尤其是当他们投诉时。

3.利用客户信息

客户信息只有被利用才有价值。客户反馈应该与持续质量改进融为一体。

（1）管理客户关系。在与客户交往过程中，企业可以通过增进双方信任，有效地建立起与客户相互影响、相互作用的关系，来提高客户的忠诚度。真正高明的企业会培养与客户间亲密、全面的合作关系，这些企业也为它们的雇员提供了方便之门。

（2）不要忽视内部客户。在一个企业内部，个别部门或重要的具有交叉功能的环节会有内部客户。这些内部客户能为企业总目标的实现做出贡献，并依靠有某种功能的产品和服务，最终服务于消费者和外部客户。例如，生产部门是采购部门的客户；护理站是医院洗衣房的客户；而对于一个航空公司或酒店来说，预订部门是信息系统部门的客户。内部客户之间的连接建立在贯穿整个企业的“客户—供应商链”的基础上，它将每一个个体和职能连接在一起，共同服务于外部客户和消费者。

（3）与内部客户合作。通过与内部客户合作，企业可以获得和使用内部客户信息的途径，与以往的竞争对手建立合作关系，降低生产成本，提高客户的满意程度。这种做法基于对内部客户的系统调查，并可将调查结果应用于提高生产质量。同时内部客户之间广泛、集中的交流可以促进客户满意程度的提高，并且降低生产成本和资金周转时间。

客户必须是整个组织的中心。满足他们的要求可使企业财源滚滚且为企业赢得好的口碑，相反，则会导致一次性交易且为企业留下不良声誉。供应商也必须被组织视为获得成功至关重要的因素，因为它们使客户满意成为可能。如果没有供应商们的贡献，组织的产品，无论质量还是成本，都不能达到有竞争力的水平，也无法实现持续改进。

关键点提示

建立良好的客户—供应商关系的原则是：

1.认识到客户和供应商的战略重要性；2.在客户与供应商之间发展双赢关系；3.将关系建立在信任的基础上。

1.15 如何运用ABC分析法管理库存

工作场景描述

当企业库存产品分类很乱时，可查看。

解读与分析

ABC分析法是将企业的产品根据销量、现金流量、前置时间或缺货成本等，分成A、B、C三类：A类为重要的产品，B、C类依次为次重要和不重要的产品。

1.ABC分析法简述

根据ABC分析法分类的原则，把产品按销售额（累计）由大到小进行排列，然后对产品进行分类，大致的分析结果如下。

一般把销售额占总额70%～80%的产品归为A类，占总额15%～20%的产品归为B类，余下的产品归为C类。ABC分析法的应用需解决三个方面的问题。

（1）分类的目的，即企业要解决的问题是什么。比如，是改善库存的资金占用，还是合理分配资源，以期达到增加销售额的目的？

（2）分类的标准。只有明确了分类的目的，才能决定按什么参数（如销售额、库存、利润额/率和断货成本等）进行计算，即才能明确分类的标准。

（3）分析数据的采集。采集业务中数据的方式，将决定分析结果是否科学。如果是按时间累积参数（如销售额、出货量等）进行分析，则要决定采用多长的时间周期；

而如果是按时间点的参数（如库存金额、仓间占用等）进行分析，则可能遇到的问题是选用某一时刻（如期末、期中或期初）的数据，还是选用一段时间内几个或众多时刻数据的平均值。

2.ABC分析法的一般步骤

一般说来，企业的库存反映着企业的经营水平，调查企业的库存，可以大致了解该企业的经营状况。虽然ABC分析法已经成为企业中的基础管理方法，有广泛的适用性，但目前应用较广的领域还是库存管理领域。ABC分析法的一般步骤如下。

（1）收集数据。按分析对象和分析内容收集有关数据。例如，对库存产品的平均资金占用额进行分析，以了解哪些产品占用资金多，以便实行重点管理。应收集的数据为：每种库存产品的平均库存量、每种产品的单价等。

（2）处理数据。对收集的数据资料进行整理，按要求进行计算。一般用平均库存量乘以单价，计算各种产品的平均资金占用额。

（3）制作ABC分析表。如表1–7所示，ABC分析表栏目构成如下：第一栏为产品名称；第二栏为品目数，每一种产品皆为一个品目，品目数实际上就是序号；第三栏为品目累计百分比，即累计品目数占总品目数的百分比；第四栏为产品单价；第五栏为平均库存金额；第六栏为各种产品平均资金占用额；第七栏为平均资金占用额累计；第八栏为平均资金占用额累计百分比；第九栏为分类结果。

制表按下述步骤进行：将第2步已计算出的平均资金占用额，由高至低填入表中第六栏。以此栏为准，将相应物品名称填入第一栏，将产品单价填入第四栏，将平均库存填入第五栏，在第二栏中按顺序编号，为品目数。此后，计算品目累计百分比，填入第三栏；计算平均资金占用额累计，填入第七栏；计算平均资金占用额累计百分比，填入第八栏。

表1–7　ABC分析表

产品名称	品目数	品目累计百分比	单价/（元/件）	平均库存金额/元	平均资金占用额/元	平均资金占用额累计/元	平均资金占用额累计百分比	分类
b	1200	23.35%	8.00	9600	6800	158644.9	48.41%	A
……								

（4）根据ABC分析表确定产品分类。按ABC分析表，观察第三栏（品目累计百分比）和第八栏（平均资金占用额累计百分比），将品目累计百分比为5%～15%，而平均资金占用额累计百分比为60%～80%的前几个产品，确定为A类；将品目累计百分比为20%～30%，而平均资金占用额累计百分比也为20%～30%的产品，确定为B类；C类情况正和A类相反，其品目累计百分比为60%～80%，而平均资金占用额累计百分比仅为5%～15%。ABC产品分类表见表1-8。

表1-8　ABC产品分类表

产品种类	品目累计百分比	平均资金占用额累计百分比
A	5%～15%	60%～80%
B	20%～30%	20%～30%
C	60%～80%	5%～15%

（5）绘制ABC分析图。以品目累计百分比为横坐标，以平均资金占用额累计百分比为纵坐标，按ABC分析表第三栏和第八栏所提供的数据，在坐标图上取点，并用曲线连接各点，则可绘成ABC。

按ABC分析表确定A、B、C三个类别的方法，在图上标明A、B、C三类，则制成ABC分析图。

ABC分析法的应用，在库存管理中能够取得以下成效：第一，压缩总库存量；第二，释放被占压的资金；第三，使库存结构合理化；第四，节约管理资源。

关键点提示

ABC分析法的一般步骤是：

1.收集数据；2.处理数据；3.制作ABC分析表；4.根据ABC分析表确定产品分类；5.绘制ABC分析图。

第2章

生产现场管理常见问题

生产现场管理是指用科学的管理制度和方法对生产现场各要素，包括人（管理人员和普通员工）、机（设备、工具、零部件等）、料（原材料、辅料）、法（加工、检测方法）、环（环境）等进行合理的计划、组织、协调和控制，使其处于良好的结合状态，达到优质、高效、低耗、均衡、安全、文明生产的目的。企业进行生产现场管理时，应以5S管理为基础，辅以其他管理手段，创造一个整洁、明朗、宽敞、有序的生产环境，有效利用现场空间，最终实现改变现场面貌、提高生产效率的目的。

2.1　如何做好生产准备工作

工作场景描述

当企业要了解生产准备工作的基本内容时，可查看。

解读与分析

在企业的生产作业活动开展之前，必须做好各环节的准备工作。具体来说，要安排好以下几项生产准备工作。

1.技术文件的准备

技术文件（如产品和零部件的图纸、装配系统图、毛坯和零件的工艺规程、材料消耗定额和工时定额等）是计划和组织生产活动的重要依据。新的或经过修改的技术文件，应当根据生产作业计划的进度，提前发送给有关的生产管理部门和车间，以便有关部门安排生产作业计划并事先熟悉技术文件的要求，做好准备。

2.原材料和外协件的准备

进行生产前，必须具备品种齐全、质量合格、数量合适的各种原材料和外协件等。物资供应部门要根据生产计划编制物资供应计划并进行必要的订货和采购。由于生产任务的变动，或由于物资供应计划在执行中的变化，生产部门在编制生产作业计划时，必须同物资供应部门配合，对一些主要原材料、外协件的储备量和供应进度进行检查。物资供应部门要千方百计地满足生产的需要；生产管理部门则要根据物资的实际储备和供应情况，及时对计划进行必要的调整，避免发生停工待料现象。

3.机器设备的准备

机器设备处于良好的状态，能正常运转，是保证完成生产作业计划的一个重要条件。生产管理部门在安排作业计划时，要按照设备修理计划的规定，提前为待修设备建立在制品储备，或者将生产任务安排在其他设备上进行，以便保证设备能按期检修。机修部门要按照计划规定的检修期限，提前做好检查、配件等准备工作，按期把设备检修好。

4.工艺装备的准备

产品制造过程中的各种工具、量具、夹具、模具等装备，是保证生产作业计划正常进行的重要的物质条件。编制生产作业计划时，要检查工艺装备的库存情况和保障程度。有的要及时申请外购，有的要工具部门及时设计和制造，有的则要进行检修。

5.人员方面的准备

由于生产任务和生产条件的变化，有时各工种之间会出现人员配备不平衡的现象，这就要根据生产作业计划的安排，提前做好某些环节劳动组织的调整和人员的调配，保证生产作业计划的顺利执行。

6.编制生产准备计划

在生产准备计划中，要明确规定各项准备工作的内容、要求、进度和执行单位。

为了落实生产作业计划，在规定车间生产作业计划任务时，还需要核算设备和生产面积的负荷程度，查找是否有薄弱环节，制订并实施克服薄弱环节的措施，以便保证生产任务的完成，消除负荷不均衡等现象。

由于在编制年度生产计划时已经进行过设备负荷的核算，在大量生产和定期成批生产中，如果月度作业计划任务与全年生产任务安排一致，就不需要每月再核算设备的负荷了。如果有变动，就需要核算负荷。这时，也不需全面核算，往往是按最大日产量（或最大的生产间隔期产量）核算关键设备和薄弱环节的负荷情况。

在不定期成批生产和单件生产中，通常在编制年度生产计划时还不能进行设备负荷的详细核算，所以必须每月按设备组分别核算其负荷程度。为了使设备全月均衡负荷，还需要按旬或周来分别核算。

对于平行的车间，即工艺相同而产品不同的车间，计划任务的分配首先应该按其产品专业化的特点进行。但是经过设备负荷核算以后，如果发现各平行车间的任务不平衡，也需要适当地改变任务的分配情况。

总之，在进行生产作业之前做好充分的准备，有利于生产作业活动的顺利开展。

关键点提示

生产准备工作包括：

1.技术文件的准备；2.原材料和外协件的准备；3.机器设备的准备；4.工艺装备的准备；5.人员方面的准备；6.编制生产准备计划。

2.2　如何进行生产派工

工作场景描述

当企业要进行生产派工，但对生产派工的方式尚未掌握时，可查看。

解读与分析

当生产作业准备做好以后，根据安排好的作业顺序和进度，企业要将生产作业任务派发到各个生产员工身上。进行生产派工的重要方式是使用生产派工单，主要形式如下。

1.加工路线单

加工路线单又称长票、跟单、工件移动单等。它以零部件为单位综合地发布指令，指导生产员工根据既定的工艺路线顺次地进行加工。加工路线单跟随零件一起转移，各道工序共用一张生产指令。

加工路线单的优点是有利于控制在制品的流转，加强前后工序的衔接，缺点是一票跟到底，周转环节多，时间长，容易丢失，不易及时掌握情况。这种形式适用于生产批量小的零件，或虽然批量大，但工序少、生产周期短的零件。

2.单工序工票

单工序工票又称短票、工序票等。它是以工序为单位，一序一票。单工序工票的优点是周转时间短，使用比较灵活，可以像使用卡片那样，按不同要求进行分组、汇总和分析。其缺点是一序一票，工作量较大。批量大的零件，使用这种派工单比较适合。

3.传票卡

为了保证各工序之间能紧密衔接，可以将传票卡这种凭证作为辅助工具。传票卡是一张张的卡片，预先填好制品的名称、材质、重量、加工地点、运送地点、工位器具及容量等项目。每张传票卡固定代表一定数量的制品，例如一张一件或一张十件等。传票卡必须随同实物一起流转。在使用过程中，传票卡起着一定的作用。

正确地使用派工单，对于加强企业的生产管理有着重要意义。企业应该选择符合自身生产特点的派工单形式，建立健全派工单的运行制度，并教育员工认真地执行。

关键点提示

生产派工单的形式包括：

1.加工路线单；2.单工序工票；3.传票卡。

2.3 如何进行作业排序

工作场景描述

当车间存在作业排序不合理、作业等待时间过长的现象时，可查看。

解读与分析

作业排序就是安排作业活动、资源利用或者配置设施的时间表。它从工作中心的角度，来控制加工工件的作业顺序或作业优先级。作业排序的内容包括决定工件加工顺序以及安排相应机器设备来进行加工。要做好作业排序，需要掌握以下内容。

1.明确作业排序系统

一个作业排序系统区别于另一个作业排序系统的特征是：在进行排序时，生产能力是如何考虑的。作业排序系统既能用无限负荷方法，也可以用有限负荷方法。无限负荷方法指的是当将工作分配到工作中心时，只考虑它需要用多少时间，而不直接考虑完成这份工作所需的资源是否足够，也不考虑在工作中心中，每个资源完成这项工作的实际顺序。有限负荷方法，实际上是根据每一个工件所需的调整和加工时间对每种资源进行详细的排序。实质上，这个系统明确地规定了在工作日的每一时刻每一种资源要做的工作。理论上讲，当采用有限负荷方法时，所有的计划都是可行的。

另一个区别作业排序系统的特征，是作业排序是基于前向排序还是后向排序的原则。前向排序可以告诉我们工件能够完成的最早时间，是最常用的排序方法。后向排序是从未来的某个时期（可能是交货日期）开始，按照从后向前的顺序进行排序。后向排序可以告诉我们在某个日期前完成工件加工的最迟开工时间。

2.典型的作业排序和控制功能

（1）分配工件、设备、人员到工作中心或者其他特定地点。

（2）决定工件执行的顺序。

（3）对已排序的作业安排生产，通常称为调度。

（4）车间控制，包括在完成工件的过程中，经常检查工件完成状态，控制工件完成速度，加快进度滞后或者关键工件的完成速度。

3.作业排序规则

作业排序规则是指在进行作业排序时使用的规则。下面列出比较常用的10个排序规则。

（1）先到先服务：按照工件到达的先后顺序进行加工。

（2）最短作业时间：首先加工所需作业时间最短的工件，然后是次短的，以此类推。

（3）最早交货的工件最早加工：将交货期最早的工件放在第一位来加工。

（4）最早开工时间：最早开工时间等于交货时间减去作业的正常提前时间。先用最早开工时间来选择工件进行加工。

（5）剩余松弛时间：这是交货期前的剩余时间和剩余加工时间的差值。剩余松弛时间最短的工件先进行加工。

（6）每个作业剩余松弛时间：

每个作业剩余松弛时间=（每个作业剩余松弛时间最短的工件先加工。交货时间前

的剩余时间–剩余加工时间）÷剩余的工件数

（7）关键比例：关键比例由交货日期与当前日期的差值除以剩余的工作日数计算得出。关键比例最小的工件先加工。

（8）排队比例：这是用计划中剩余松弛时间除以计划中剩余排队时间计算出来的。排队比例最小的工件先加工。

（9）后到先服务：后到的工件放在先到的上面，操作人员在操作的时候会先加工上面的工件。

（10）随机排序或者随意处置：主管或者操作人员通常选择他们喜欢的作业顺序来操作。

所以说，良好的作业排序，可以减少作业等待时间，提高作业人员的生产效率，进而最大化地利用现有资源。

关键点提示

做好作业排序需掌握的内容有：

1.明确作业排序系统；2.典型的作业排序和控制功能；3.作业排序规则。

2.4 如何实施轮班工作制

工作场景描述

当企业要掌握轮班工作制的实施方法，进行轮班工作安排时，可查看。

解读与分析

轮班工作制，是一种在全天内组织几个工作班轮流进行生产的劳动组织制度。在工业企业里，工作班次的安排制度是不同的。在实施轮班工作制时可采用以下方法。

1.两班制

两班制的倒班方法比较简单，一般员工每周倒换一次班次，即这一周上早班，下一周上中班，再下一周又上早班。如果公休日工作照常进行，则在两个工作轮班里每班都配备替休人员。比如，员工工作6个工作日休息1天，故替休人员按6：1的比例配备，即6个员工完成的工作要配备7个人，每天都有1个人轮休。

2.间断性三班制

每天分夜、早、中三个班次组织生产，公休日停止生产，员工一起休息，公休日后倒换班次。在间断性三班制中，正倒班和反倒班两种形式都可采用，因为是在公休日后倒班，可使倒班时间和公休日结合起来，这样能保证员工得到充分休息。但通过比较，还是采取正倒班形式为好，因为除了上述原因外，公休日前最后一班（中班）的员工，就是公休日后第一班（夜班）的员工，这种倒班形式可以避免因为公休日全部停止生产而使工作无法交接的现象，有利于保证工作的连贯性。

3.连续性三班制

全年内除设备检修等时间外，每天都分夜、早、中三个班次组织生产，公休日也不间断。生产过程不允许中断的企业必须实行这种制度。

实行连续性三班制，除了必须正确解决倒班问题外，还要合理地组织员工轮休。按照轮休组织方法的不同，连续性三班制又分为三班轮休制、三班半轮休制、四班轮休制（即“四班三运转”）三种。

（1）三班轮休制，即在三个工作轮班里每班都配备替休人员，替休人员按6：1的比例配备，7个人中每天都有一个人轮休。实行三班轮休制时不宜采用正倒班的方式，因为正倒班时必须有一个班要连续工作16小时（中班倒夜班），不利于员工健康。三班轮休制能解决员工的连班问题，但有两个班在倒班时（中班倒早班、早班倒夜班）相隔时间只有8小时，员工休息不够充分，同时，员工还要连续上6个夜班，这都是该种轮休制度的主要缺点。

（2）三班半轮休制。即在三个工作轮班里，不配备替休人员，另外配备半个班来替换轮休，故称三班半轮休制。由于三个工作轮班多配备半个班，故替休人员也是按6：1的比例配备的，每天有半个班的员工休息。

实行三班半轮休制时，通常将三个工作轮班每班分成两组，加上替休的半班为1组，共7组。这样每组都是工作6个工作日后休息1天，倒班都在公休日后进行，可保证员工得到充分的休息。该方式的缺点是每班工作的不是固定的两个组，因而给管理上带来了不便。

（3）四班轮休制（即“四班三运转”），即组成四个工作轮班，每天按夜、早、中三个班次轮流生产，一个班轮休。替休员工是按3∶1的比例配备的，因此员工工作3个工作日后可以休息1天。

由于多配一个班进行轮休，所以四班三运转便于根据需要组成多种形式。现行比较普遍的有以下三种形式：

①以4天为一个循环期，采用正倒班形式，每班员工按夜、早、中班顺序轮流各上一班，工作3天后休息1天；

②以8天为一个循环期，采用正倒班方式，每班员工按夜、早、中班顺序轮流各上两班，工作6天后休息两天；

③以12天为一个循环期，每班员工连续3天上一个班次后，休息1天，再倒另一班次。

4.四八交叉工作制

每天分四个班组织生产，每班工作8小时，上下两班之间有2小时交叉。在两班交叉时间内，接班员工可进行生产准备工作，并和上一班员工共同进行生产，有利于加强两班之间的协调配合。

5.四班六小时工作制

每天分四个班组织生产，每班工作6小时。各个班次的工作时间一般为：第一班为0时至6时，第二班为6时至12时，第三班为12时至18时，第四班为18时至24时。各班员工每周倒换一次班次，一般采用正倒班方式。

在实行多班制的情况下，如果全年内每天都组织生产，公休日也不间断，员工就无法享受统一的公休，这时，必须配备替休人员，组织轮流休息，建立合理的轮休机制。

总之，企业应根据生产任务、经济效益和其他相关条件实施合理的轮班工作制，既要保证生产连续协调进行，又要保证员工有充分的休息时间。

关键点提示

实施轮班工作制可采用以下方式：

1.两班制；2.间断性三班制；3.连续性三班制；4.四八交叉工作制；5.四班六小时工作制。

2.5　如何实施岗位交接班管理

工作场景描述

当企业准备实施岗位交接班管理，要了解其具体管理方法时，可查看。

解读与分析

岗位交接是保持生产作业活动连续进行的重要环节，企业应对岗位交接进行统一管理，明确相关工作人员的职责，规范他们的行为。岗位交接班管理是生产作业管理的重要内容，企业应做好以下工作。

1.交班管理

交班前1小时内不得任意改变生产负荷和工艺条件，生产要稳定，工艺指标要控制在规定范围内，生产中的异常情况应及时消除。

检查设备是否运行正常，无损坏、反常状况，液（油）位是否正常。

认真做好原始记录，记录要工整、全面，无涂改，项目齐全，指标准确；巡回检查时有记录；生产概况、设备仪表使用情况、事故和异常状况都要记录在记事本（或记事栏）上。

为下一班储备消耗物品，做到工、器具齐全，工作场地卫生清洁等。

接班者到岗后，交班人要详细介绍本班生产情况，解释记事本或记事栏上记录的主要事情，回答接班者提出的一切问题。

遵守“三不交”原则：接班者未到不交班，接班者没有签字不交班，事故没有处理完不交班。

遵守“二不离开”原则：班后会不开不离开车间，事故分析会未开完不离开生产车间。

2.接班管理

接班人必须提前30分钟到岗。

到岗后检查生产工艺指标、设备记录、物品消耗、工艺器具和卫生等情况。

提前20分钟召开班前会。

进一步检查，如没有发现问题，应及时交接班，并在操作记录上签字。

交接班后岗位一切情况均由接班人负责；接班人应将上一班最后一小时的数据填入操作记录中并将工艺条件保持在最佳状态。

遵守“三不接”原则：岗位检查不合格不接班，事故没有处理完不接班，交班者不在不接班。

3.班前会管理

交接班双方的值班主任、接班的全体人员必须参加，白班交接时要有1名车间领导参加。

与会人员必须穿戴工作服、工作帽，严禁穿高跟鞋和钉鞋。

提前20分钟点名。

交班值班主任介绍上一班情况，包括生产工艺指标、设备使用情况、异常情况及事故、目前存在的问题等；各岗位汇报班前检查情况；接班值班主任安排工作；车间领导作出具体指示。

4.班后会管理

交班者全体都要参加，白班交班时必须有1名车间领导参加。岗位交班后准时召开班后会，各岗位人员介绍本班情况，值班主任要进行综合发言，车间领导作出具体指示。

只有严格进行岗位交接班管理，才能保证生产作业活动的有效衔接，减少岗位交替带来的时间损失，使生产作业活动持续进行。对于岗位交接班的执行情况，车间领导每日检查一次，企业有关部门监督检查，企业劳动纪律检查委员会和生产技术部门还应该进行不定期检查。

关键点提示

实施岗位交接班管理时要做好以下工作：

1.交班管理；2.接班管理；3.班前会管理；4.班后会管理。

2.6 如何进行岗位训练

工作场景描述

当企业要掌握岗位训练的内容和方式时，可查看。

解读与分析

岗位训练可以使操作人员尽快掌握操作技能或提高操作人员的技术水平，对于提高企业生产作业效率，提升生产作业人员的能力有很大的作用。企业在安排岗位训练时可参照以下内容。

1.普通岗位训练

（1）确定训练要求。

①熟悉本岗位工艺管理，正确判断生产中的异常情况，及时进行处理。

②熟知所用设备的结构和性能，以便正确控制工艺条件，充分挖掘设备潜力。

③熟记工艺流程和工艺指标，为稳定生产和优质高产打下良好基础。

（2）设计训练内容。

①工艺原理方面：原料及产品性质。

②设备结构及性能方面：结构及主要尺寸、构造原理、设计指标、维修保养要求。

③工艺流程及指标方面：详细流程、工序控制点、厂控和一般工艺指标、主要指标的控制原理和上下限。

④操作和事故处理方面：正常操作方法、事故处理、异常情况的判断和处理。

（3）安排相关部门和人员开展岗位训练。

①生产技术部门要统一制作训练台和训练卡片，车间技术员填写卡片，岗位主操作人负责管理。

②车间技术员负责每3个月更换一次训练卡片，每个岗位每次不少于20个。

③操作人员要熟记卡片上各题答案，采用自抽卡自答或别人抽卡自答的方法进行考核。

④值班主任（或班长）每周对各岗位考核一次，每次考核不少于3个题目，而且抽卡考核情况要记录在岗位练兵台账上。

⑤车间技术员负责每月抽卡考核一次，每次考核不少于5道题，考核情况要做好记录，以便比较和查阅。

⑥车间技术员每半年组织一次业务辅导和考试，成绩要出榜公布。

⑦生产技术部门应该在每月基础检查时抽卡考核一次。

⑧人事部门每年至少组织一次理论和实际操作考试，检验岗位训练的效果如何。

2.多能工训练

（1）明确训练目的。

①平衡储备人才。要避免在员工中产生喜欢做的工作（或简单的工作）都去学，而复杂难做的工作（或是较为繁重、工作环境较差的工作）都不想学的不良现象。

②以“全能工”为目标，实现人员活用。促使自愿申请学习多能工的人员努力学习生产技能，全面掌握各项操作规程，早日成为“全能工”，实现人员活用。

③对优秀“全能工”实施教育、指导，提高其业务以及管理能力，为其日后升任班长（或其他职务）打下基础、创造条件，从而完善现场管理人才的培育。

（2）实施多能工训练。

①根据员工申请将学习计划立案，做成多能工训练表，然后按计划逐一对员工进行作业基准及作业指导书内容的教育、指导。

②完成初期教育指导后，参观作业员操作，加深其对作业基准及作业顺序教育内容的理解，随后利用中休或加班（工作结束后）时间，由班长指导其进行实际作业操作。

③在有班长、副班长（或其他多能工）顶位时，可安排学员与作业员工一起进行实际操作，以增强员工作业的准确性及顺序标准化，同时有利于学员掌握正确的作业方法。

④当学员掌握了正确的作业方法，能达到相应的作业基准，又能具备正常作业流水线的速度（跟点作业），也就是说完全具备该工作的作业能力后，可安排其单独作业，使其逐步熟练、达到一定程度的作业稳定性并能持续一段时间。

⑤考核学员的训练效果。检查作业方法是否与作业指导书上的方法一致，有没有不正确的作业动作，如果有，要及时纠正；进行成品确认检查，检查成品是否满足品质、规格要求，有无因作业不良造成的不良品。

上述检查均合格后，该员工的训练成绩就可以判定为合格。

人员是生产作业活动的重要组成部分，其技能水平的高低直接决定着生产作业活动的效率。经过训练，技术操作人员可以提高自己的技能，会有更大的发展。总之，岗位训练对企业和个人来讲都是有益的。

关键点提示

岗位训练的内容包括：

1.普通岗位训练；2.多能工训练。

2.7　如何在企业内推行 5S 管理

工作场景描述

当企业要推行5S管理时，可查看。

解读与分析

在精益生产方式下，企业现场管理成功的关键在于持续不断地、系统全面地推行生产和经营5S管理。5S管理，是一种现代企业管理模式，是指在生产现场对人员、机器、材料、方法等生产要素进行有效的管理。5S管理起源于日本企业，5S即整理、整顿、清扫、清洁和素养。因其日语的罗马拼音均以“S”开头，所以简称“5S”。

要想持续不断地成功开展5S管理活动，首先，企业应正确认识实行5S管理的意义；其次，在正确认识意义的基础上，企业应该选择合适的时机引入5S管理活动；再次，企业应成立5S管理推行组织，拟定推行方针、目标，自上而下地推行5S管理；最后，企业应根据5S管理活动的不同时期、不同阶段，采取切实可行的办法，动员全体员工参与5S管理活动。

1.认识5S管理

任何企业引入5S管理时必须充分认识到：

（1）5S管理必须持续不断地坚持下去才能成功，如果只有“三分钟热度”，5S管理必然夭折；

（2）推行5S管理跟推行任何一种管理制度一样，必须结合企业的实际情况，找出适合本企业的实施方法。依样画葫芦的结果只能是失败。

2.导入5S管理

5S管理活动是一种需长期实行的管理活动，在以下几种情况下导入，成功率较高。

（1）企业扩充业务、搬迁新厂房或调整工作场所时。遇到这种情况时，要事先做好规划并对员工进行教育。硬件设施在搬迁时就应考虑到环境因素和区域规划，当员工上岗工作时，即能按照新环境的规则进行5S管理活动运作。

（2）新产品、新技术、新设备、新管理方式引进的时候。在一个墨守成规的环境里，改变一些规则，必然会引起保守员工的对抗，如果不及时导入5S管理，就难以改变员工的陈旧意识，无法革新工作现状。

（3）新年度开始之际。年初除旧布新的时候，全面开展5S管理活动，顺便宣布5S管理计划，能够被大部分员工所接受。

3.推行5S管理

掌握了适当的时机，即迈出了成功的第一步。推行5S管理需经过如下步骤。

（1）成立推行组织。

①成立推行5S管理委员会及办公室。

②确定组织的职能。

③明确委员的主要工作。

④对委员进行编组以及划分责任。

建议由企业主要领导出任推行5S管理委员会主任职务，以示其对此管理的支持。5S管理的全面推行可由副主任负责。

（2）拟订推行方针及目标。

①制订方针。推行5S管理时，首先要制订方针，将其作为5S管理导入的指导原则。

第一，推行5S管理时，要摒弃以往的习惯，重新建立和接受新规则。

第二，凡事从细节入手，开展精细工作。

第三，强调规则意识，培养员工凡事讲求规则的观念。

方针的制订要结合企业具体情况，要有号召力。方针一旦制订，企业一定要广为宣传。

②制订目标。先设立期望目标，作为5S管理努力的方向，以便对管理成果进行检验。

第一，要坚持定期考核，比如实施5S管理管理的第4个月是最佳考核期。

第二，目标的制订要严格结合企业的具体情况。

（3）拟订工作计划及实施方法。

①拟订日程计划，作为推行及控制5S管理活动的依据。

②收集资料以及借鉴其他企业的做法。

③制订5S管理的实施办法。

④制订要与不要的物品区分方法。

⑤制订5S管理成效评比方法。

⑥制订5S管理奖惩办法。

⑦其他相关规定（如5S管理的结束时间等）。

重大的工作一定要有计划，以便大家对整个实施过程有整体的了解。项目责任者要清楚自己和其他担当者的工作是什么以及需要在什么时间完成，要做到相互配合，造就团队合作的良好局面。

（4）开展5S管理教育。

①每个部门对全员进行5S管理教育，具体包括：5S管理的内容及目的、5S管理的实施方法、5S管理成效的评比方法。②对新员工进行5S管理的培训。教育是非常重要的，让员工了解5S管理能给工作及自己带来什么好处，从而主动地去做相关工作。主动去做与被别人强迫着去做，其效果是完全不同的。教育形式要多样化，讲课、放视频、观摩他厂案例或样板区域、学习推行手册等方式均可视具体情况加以使用。

（5）活动前的宣传造势。

只有全员重视、参与，5S管理才能取得良好的效果。因此，在推行5S管理之前要在整个企业范围内进行宣传，使每一个员工认识5S管理、践行5S管理。具体做法如下：①高层主管发表5S管理宣言（利用会议及内部报刊等）；②利用海报形式，或者在企业内部报刊上宣传5S管理；③专门设立5S管理宣传栏。

（6）实施5S管理。

①前期作业准备：方法说明会（开全员大会，发表5S管理宣言以及具体实施计划）；准备5S管理所需工具。②工厂“洗澡”运动（彻底大扫除）。③建立地面画线及物品标识标准。④确定“三定”（定点、定容、定量）、“三要素”（场所、方法、标识原则）。⑤定点摄影。⑥设计“5S日常确认表”，并应用。⑦建立管理的奖惩制度。

（7）查核。

5S管理实施过程中，应该及时地对实施的效果进行查核。可行的查核方法包括：

①对作业现场的查核；

②对5S管理中经常出现的问题进行解答；

③举办各种活动（如征文活动等）；

④评比及奖惩，依活动办法进行评比，公布成绩，实施奖惩；

⑤检讨与修正，各责任部门对评比结果中存在缺点的项目进行分析，找出根源，予以改正，不断提高；

⑥将5S管理活动纳入定期管理管理中，5S管理活动应被企业视为其长期的定期管理活动，要将5S管理活动标准化、制度化，并不断完善。

（8）实施5S管理强化月活动。

通过开展各种形式的5S管理强化月活动，大力宣传5S管理，鼓励全员参与5S管理，开展各种类型的竞赛活动，形成“人人5S、时时5S、事事5S”的管理热潮。通过结果评估，表彰“管理明星”，推广先进方法，让5S管理深入人心，形成人人追赶先进、创优争先的局面，从而创造一个更加洁净、有序的工作环境，提高员工的工作热情和工作效率，提升企业的生产效率。

需要强调的一点是，企业背景、结构、文化、人员素质各不相同，推行5S管理时可能会有不同的问题出现。因此，推行5S管理时要根据实施过程中所遇到的具体问题，采取可行的对策，才能取得良好的效果。

关键点提示

企业推行5S管理的步骤是：

1.成立推行组织；2.拟订推行方针及目标；3.拟订工作计划及实施方法；4.开展5S管理教育；5.活动前的宣传造势；6.实施5S管理；7.查核；8.实施5S管理强化月活动。

2.8　如何实施整理活动

工作场景描述

当企业的作业空间物品摆放混乱，造成空间使用率降低和成本上升时，可查看。

解读与分析

很多企业在生产过程中，经常有一些残余物料、待修品、返修品、报废品及一些已无法使用的夹具、量具、机器设备等滞留在现场，既占地方又妨碍生产，如果不及时进行整理、清除，现场就会变得凌乱不堪。

1.实施整理活动的必要性

生产现场摆放不必要的物品会造成空间浪费，具体表现在以下几方面。

（1）即使是宽敞的工作场所，也将变得窄小。

（2）棚架、储物柜等因被杂物占据而降低使用价值。

（3）增加了寻找工具、零件等物品的困难，浪费时间。

（4）物品杂乱无章地摆放，增加了盘点方面的困难，并导致成本核算失准。

为了消除上述这些现象，腾出空间，达到空间有效利用，防止误用、误送，创造清爽的工作场所的目的，企业实施整理活动刻不容缓。

2.整理活动的内容

（1）将需要和不需要的东西分开，内容包括：将必须留下的和用不着的东西分开，过期的和未过期的分开，好的和坏的分开，经常用的和不经常用的分开，原件和复印件分开，等等。在分开这一步骤中，先不要去考虑如何处理分开的物品。但如果有一些处理方法，最好先把它们记下来，供下一步参考。

（2）处理不需要的东西。处理的方法是多样化的，如弃置、烧毁、切碎、收藏、转送、转让、廉价出售、再循环利用等，具体视物品的新旧、损坏程度而定。

（3）管理需要的东西。对于要的东西，首先调查其使用频率，决定需要量，然后按照一定标准做相应处理，如：

①每周使用一次以上者，置于靠近使用者处；

②每月使用一次以上者，置于工作场所附近；

③不清楚或无法判断是否需要者，暂置于仓库，进行管理。

3.整理活动实施要领

（1）对作业场所进行全面检查。

（2）制订“需要”和“不需要”的区分基准。

（3）将不要的物品清除出作业场所。

（4）对于需要的物品，调查其使用频度，决定日常用量及放置位置。

（5）制订废弃物处理方法。

（6）每日进行自我检查。

企业通过实施整理活动，可大大提高作业空间的利用率。

关键点提示

整理活动的内容是：

1.将需要和不需要的东西分开；2.处理不需要的东西；3.管理需要的东西。

2.9　如何实施整顿活动

工作场景描述

当企业作业现场物品积压过多、摆放混乱、标识不清、取用不便，严重影响生产效率时，可查看。

解读与分析

整理是5S管理的基础，是提高生产效率的第一步，更是空间管理的第一步。整顿则是在整理的基础上，对整理后需要的物品进行合理的摆放。

1.实施整顿活动的必要性

整顿含有“定量”和“定置”两重含义。首先，企业应知道需整顿的物品数量有多少。在仓库内，到底有多少种零部件、原材料、半成品、成品？每种的数量有多少？在办公室，圆珠笔、铅笔、订书机、计算器、胶纸座等的数量有多少？有谁领取过？为什么领取这个数量？为什么领取那么多种类？然后，企业应知道需整顿的物品应放在哪里。机器安装在哪里？器材放置在哪里？工具放置在哪里？活页夹、文件等放在哪里？有固定的放置点吗？都能够在一分钟之内找到吗？

为了使作业场所一目了然，创造一个整齐、有序的工作环境，减少找寻物品的时间，消除过多的积压物品，企业必须实施整顿活动。

2.整顿活动的内容

企业需将整理之后留在现场的必要的物品分门别类，排列整齐；将工具和器材等的放置位置确定下来，以便在需要时能够尽快找到。

（1）进行现场分析。用图表详细列出有关的活动和所面对的问题，见表2-1。

表2-1　整顿活动现场分析表

活动	发现的问题
①肯定物品名称	①贮存地点不明确
②前往贮存处	②距离太远
③寻找物品	③要来回走动
④取出物品	④重复性强
⑤放回物品	⑤经常忘记

注意：这些问题并不需要一个系统工程师来解决。只要留意每位员工在完成任务过程中所做的事，记下问题所在，将资料绘成图表，问题和解决办法就会显而易见。

（2）决定放置场所。物品的放置场所原则上要100%设定。要注意以下几点。

①将用不着的东西移开；②决定分类法；③名称规范化。

（3）在不造成生产延误的前提下，尽量减少存货。物品放置位置和分类方法简单明了，就不会有浪费时间四处寻找物品的情况出现。物品的名称是很重要的，名称不明确，会造成许多混乱。要注意以下两点。

①物品的保管要定点、定容、定量。

②生产线附近只放真正需要的物品。

（4）贮存。贮存时，要注意以下几点。

①选择合适的贮存方法；

②清楚展示贮存对象/贮存处的名称；

③简化取出/贮存的过程。

贮存物品名称和地点一定要明确，这样才能确保每个人都知道什么东西放在了哪里，以便索取。要明确物品数量，有效标识。

3.整顿活动实施要领

（1）需要的物品要明确放置场所。

（2）物品摆放整齐、有条不紊。

（3）在地面上画线定位。

（4）场所、物品名称要明确标识。

（5）制订废弃物处理办法。

4.整顿活动实施重点

（1）整顿后，要达到任何人都能立即取出所需要的东西的状态。

（2）要站在局外人的立场，这样什么东西该放在什么地方更为明确。

（3）要想办法使物品能立即取出使用。

（4）物品使用后要容易恢复原位，没有恢复或误放时能马上修正，使作业空间的物品摆放实现定点、定容、定量，进而提高作业效率。

关键点提示

整顿活动的内容是：

1.进行现场分析；2.决定放置场所；3.在不造成生产延误的前提下，尽量减少存货；4.贮存。

2.10　如何实施清扫活动

工作场景描述

当企业作业环境脏、乱、差，造成员工工作情绪低落，影响员工身体健康时，可查看。

解读与分析

清扫的目的是清除作业场所内的脏污、废弃料，防止污染和意外情况的发生，为员工创造一个干净、明亮的作业环境。

1.实施清扫活动的必要性

在企业的生产过程中，作业场所会产生各种污染物和废弃物品，使得作业场所脏乱不堪，严重影响员工的工作，导致生产效率下降，甚至会引发意外事故。开展例常检查、清扫工作以及采取恰当的预防措施，是使作业场所保持最佳状态的重要方法。

因此，我们基于以下目的实施清扫活动。

（1）清除脏污，保持作业场所整洁干净。

（2）保证设备、设施、环境质量，提高产品或服务质量：在干净整洁的环境中，无论是工作人员的心情还是生产效率都会好转，这样生产出的产品或提供的服务的质量才有保证。

（3）减少工伤：保持作业环境整洁，可防止人员受伤，避免发生意外事故。

2.清扫活动的内容

（1）将工作场所清扫干净。

①划定范围，分配工作。可用图表确定每个人的责任范围。

②对不同场地、器材进行清理。系统清理个别场地和器材，及时发现潜在问题，避免情况恶化。

③执行改善措施。不断寻找途径，加快清扫过程，重点处理难以清扫的地方。

（2）保持工作场所干净、亮丽。

基于以上内容，建立清扫规则，责成全体员工遵照执行。

3.清扫活动实施要领

（1）确立清扫责任区（室内外）。

（2）执行例行扫除，清理脏污。

（3）调查污染源，予以处理。

（4）建立清扫基准、作业规范。

（5）开展一次大清扫，每个地方都清洗干净。

开展清扫工作，可使作业场所达到没有垃圾、没有脏污的状态，为员工创造一个干净、整齐、安全的作业环境，有利于企业生产活动的正常进行，持续提高企业的生产效率和经营效益。虽然经过整理、整顿，需要的东西马上就能取得，但是使取出的东西达到能被正常使用的状态才行。达到这种状态是清扫的第一目的，尤其目前强调高品质、高附加值产品的制造，更不容许有垃圾或脏污，从而影响产品质量。

关键点提示

清扫活动的内容是：

1.将工作场所清扫干净；2.保持工作场所干净、亮丽。

2.11　如何实施清洁活动

工作场景描述

当企业无法长期保持作业环境整洁舒适时，可查看。

解读与分析

清洁是指通过清洗、清理等工作，使作业场所、生产设备、工作用具始终处于整洁状态，是对整理、整顿、清扫三项活动的坚持与深入，从而消除安全隐患，为员工创造一个良好的工作环境，使员工能愉快地工作。

1.实施清洁活动的必要性

为了维护清扫的成果，构建一个良好的生产、工作环境，企业要实施清洁活动。

2.清洁活动的内容

（1）确定清洁对象，对清洁对象进行清洁。生产现场有很多清洁对象，污渍的种类也有很多。清洁就是将污渍与清洁对象分离开来，使清洁对象焕然一新。

①地板。地板上可能会有灰尘、油渍、粉尘、泥土、零件、线头等。

②操作台。操作台上要放置相关物品并进行加工、安装或者检查等工作，保持操作台的洁净对于维护产品品质是不可或缺的。

③设备。设备上的污渍有可能会造成设备故障，也不利于故障检修。清洁设备可让设备便于操作、使用。清洁设备时还须对设备进行润滑、保养，以延长设备使用寿命。

④墙壁、玻璃窗、天花板。定期清洁墙壁、玻璃窗、天花板，可使作业现场窗明几净、整洁美观。

⑤计量器具、工具等。对计量器具和工具进行清洁，可以确保其精度，并延长其使用寿命。

（2）实施清洁检查。制订清洁检查标准，开展定期或不定期检查活动，检查清洁对象上是否有遗留垃圾、残余污渍和粉尘等，考查清洁工作是否做得彻底、到位；将检查事项记录在清洁检查表上，并进行评判打分，根据打分对相关清洁部门和人员做出奖励或处罚决定，以奖优罚劣，推进清洁工作持续深入开展。

3.清洁活动实施要领

（1）明确清洁对象。

（2）安排清洁人员，明确清洁责任。

（3）分发清洁用品。

（4）开展定期清洁和不定期清洁活动。

（5）制订奖惩制度，加强执行。

（6）实施清洁检查。主管要经常带头巡查，带动全员重视清洁活动。

企业通过实施清洁活动，可以长期保持作业环境的整洁舒适，并且使现场管理制度化。

关键点提示

清洁活动的内容是：

1.确定清洁对象，对清洁对象进行清洁；2.实施清洁检查。

2.12　如何实施员工素养培养活动

工作场景描述

当想通过实施员工素养培养活动，提升员工的整体素养，进而提高工作效率时，可查看。

解读与分析

素养即修养，5S管理中的素养主要指员工做事整洁有序，自觉执行企业制度与规定的良好习惯。企业通过开展员工素养培养活动，不仅可以使员工高标准、严要求地维护生产现场的环境整洁和美观，自愿实施整理、整顿、清扫、清洁活动，还可以优化生产秩序，提高作业效率，进而提升企业整体形象和经营效益。

1.实施员工素养培养活动的必要性

企业在推进5S管理的时候，即使前面的整理、整顿、清扫、清洁工作做得再好，现场整理得再干净整洁，如果员工的不良习惯没有改变，员工的综合素养及能力没有相应提高，那么5S管理仍然难以开展和坚持下去，企业的生产环境和生产效率仍然难以得到改善和提高。

企业的劳动纪律很重要，不服从纪律的，要进行处罚，这是绝大部分员工能接受的，但最有效的纪律莫过于自律。要想增强员工的自律性，必须先提高员工素养，即个人品质。素养提高了，才能人人自觉，维护既定的生产规定和程序。因此企业应着眼于员工素养培养活动，诸如对员工进行认真工作等品质的培养。

2.员工素养培养活动实施步骤

开展素养培养活动，就是要通过各种手段，提高员工整体素养，增强员工的团队意识，促使员工养成按规定行事的良好工作习惯。员工素养培养活动的实施步骤如下。

（1）持续推进整理、整顿、清扫、清洁活动。要反复要求员工做好整理、整顿、清扫、清洁工作，告诉员工要经常检查自己的工作做得是否到位、合乎标准。其目的不仅仅是希望员工将东西摆好、设备擦拭干净，更是希望通过简单易行的动作，在潜移默化中让员工改变自己的不良习惯，养成良好的习惯。

（2）建立共同遵守的规章制度。可通过问卷形式弄清员工的需要，按照对企业有益、赏罚分明的原则建立员工共同遵守的规章制度，如厂规厂纪、现场作业准则、安全卫生守则等。

（3）将各种规章制度目视化。将各种规章制度装裱悬挂在墙上，以显示其重要性。同时将规章制度装订成管理手册或制成图表、卡片，分发给员工，让员工随时查阅。

（4）开展各种教育培训。对新进员工进行入职培训，详细讲解各种规章制度及注意事项，让新进员工对5S管理有正确的认识与理解。老员工要带动新员工，为其讲解规章制度的形成背景及原因。各部门要定期召开会议，进行5S管理总结教育。

（5）及时纠正员工违反规章制度的行为。5S管理的责任人，一旦看到员工违反规章制度，要及时予以纠正，否则员工会因为没有被纠正，而把错误当作“可以做”的事一直错下去。

（6）责令被指责批评者改正。责令被指责批评者立即或限时改正错误，坚决杜绝任何借口。员工改正错误之后，主管要进行检查，直到员工完全改正错误为止。

（7）开展各种积极向上的活动。各班组负责人在班会中要不断强调5S管理活动的重要性，同时不定期抽查员工执行5S管理的情况，开展文明礼貌活动，举办适合企业员工的自主改善活动。

开展员工素养培养活动，就是为了培养员工的好习惯并为其创造有利环境，让员工互相勉励，提出改进工作的意见与方法。

自由的氛围，加上员工同心协力，不只有助于生产效率的提高，同时也提高了员工的个人品质，所以这是一项附加值极高的活动，很有推广的价值。

3.员工素养培养活动实施要领

（1）制订企业有关规则、规定。

（2）制订服装、臂章、工作帽等识别标准。

（3）制订礼仪守则。

（4）对员工进行教育训练（对新进员工，强化5S教育、实践）。

（5）开展各种精神提升活动（班会、晨会、先进个人表彰会、文明礼貌活动竞赛等）。

（6）开展各种激励活动，鼓励员工遵守规章制度。

有的企业对于员工素养培养活动总是“三分钟热度”“虎头蛇尾”，这样会使活动流于形式，失去其应有的作用。要想让员工素养培养活动持续不断地、全面彻底地实行，就必须从纪律管理入手，让员工从心里接受它、认可它。这种必须实行的心态，才是活动成功实施的关键。

关键点提示

员工素养培养活动的实施步骤是：

1.持续推进整理、整顿、清扫、清洁活动；2.建立共同遵守的规章制度；3.将各种规章制度目视化；4.实施各种教育培训；5.及时纠正员工违反规章制度的行为；6.责令被指责批评者改正；7.开展各种积极向上的活动。

2.13　如何实施目视管理

工作场景描述

当企业中出现员工擅离职守、串岗聊天、信息传递不及时等不良现象时，可查看。

解读与分析

目视管理是利用形象直观、色彩适宜的各种视觉感知信息来组织现场生产活动，达到提高劳动生产率目的的一种管理方式。

目视管理以视觉信号为基本手段，以公开化为基本原则，尽可能地让大家看见管理者的要求和意图，借以推动自主管理、自我控制。目视管理是一种以公开化和视觉显示为特征的管理方式，也可称为“看得见的管理”。其基本内容包括如下几点。

1.规章制度与工作标准公开化

凡是与生产现场工人密切相关的规章制度、标准、定额等，都需要公之于众。与岗位工人直接有关的，应分别展示在岗位上，如岗位责任制、操作程序图、工艺卡片等，并要始终保持完整、正确和洁净。

2.生产任务与完成情况图表化

凡是需要大家共同完成的任务都应公之于众。计划指标要定期层层分解，落实到车间、班组和个人，并列表张贴在墙上；实际完成情况也要相应地按期公布，并用图表使大家看出各项计划指标出现的问题和发展的趋势，以促使集体和个人保质、保量、按期完成各自的任务。

3.与定置管理相结合，实现视觉显示信息标准化

在定置管理中，为了避免出现物品混放和误置现象，必须有完善而准确的信息显示，包括标志线、标志牌和标志色。因此，目视管理在这里便自然而然地与定置管理融为一体，按定置管理的要求，采用清晰的、标准化的信息显示符号，将各种区域、各种辅助工具（如料架、工具箱、工位器具、生活柜等）涂成标准颜色，不得任意涂抹。

4.生产作业控制手段形象直观与使用方便化

采用与现场工作状况相适应的、简便实用的信息传导信号，对生产作业进行有效控制，使每个生产环节、每道工序都能严格按照期量标准进行生产。例如，在后道工序因故停止生产，不需要前道工序供应在制品时，操作人员看到信号后，能及时停止投入。

各生产环节和工种之间的联络，也要设立方便实用的信息传导信号，以尽量减少工时损失，增强生产的连续性。例如，在机器设备上安装红灯，在流水线上配置工位故障显示屏，一旦发生停机，即可发出信号，巡回检修工看到后就会及时前来修理。

生产作业控制除了期量控制外，还有质量和成本控制，这也需要实行目视管理。例如，进行质量控制时，在各质量管理点要有质量控制图，清楚地显示质量波动情况，以便操作人员及时发现异常，及时处理。车间要利用板报形式，将“不良品统计日报”公之于

众，当天出现的废品要陈列在展示台上，由有关人员会诊分析，确定改进措施，防止再度发生。

5.物品的码放和运送的数量标准化

物品码放和运送数量标准化，可以充分发挥目视管理的长处。例如，各种物品实行“五五码放”，各类工位器具，包括箱、盒、盘、小车等，均应按规定的标准数量盛装。这样，操作、搬运和检验人员点数时既方便又准确。

6.现场人员着装的统一化与实行挂牌制度

现场人员着装规范可以起到劳动保护的作用。在机器生产条件下，这也是正规化、标准化的内容之一。它可以体现职工队伍的优良素养，显示企业内部不同部门、工种和职务之间的区别，因而还具有一定的心理作用，使员工产生归属感、荣誉感、责任心等，也可为组织指挥生产创造一定的便利条件。

挂牌制度包括单位挂牌和个人佩戴标志两部分内容。按照企业内部各种检查评比制度，将那些与实现企业战略任务和目标有重要关系的项目的考评结果，以形象、直观的方式给单位挂牌，能够激励先进单位更上一层楼，鞭策后进单位奋起直追。个人佩戴标志，如胸章、胸标、臂章等，其作用同着装类似，还可同考评相结合，给人以压力和动力，达到催人进取、推动工作的目的。

7.色彩的标准化管理

不同色彩有不同的物理指标，如波长、反射系数等。强光照射的设备，多涂成蓝灰色，是因为其反射系数适中，不会过分刺激眼睛。危险信号多用红色，这是传统习惯，因其穿透力强、色彩鲜明。

不同色彩会给人以不同的重量感、空间感、冷暖感、软硬感、清洁感等。例如，高温车间应以浅蓝、蓝绿、白色等冷色为基调，可给人以清爽舒心之感；低温车间则相反，适宜用红、橙、黄等暖色，使人感觉温暖。从生理上看，人长时间受一种或几种杂乱的颜色刺激，会产生视觉疲劳，因此，要注意工人休息室的色彩搭配，如纺织工人的休息室宜用暖色，冶炼工人的休息室宜用冷色。这样，有利于消除员工因长期工作而产生的职业疲劳。

色彩有着丰富的内涵，生产现场凡是需要用到色彩的地方，都应有标准化的要求。

可以发出视觉信号的载体有信号灯、标识牌等。其特点是形象直观，容易认读和识别。

根据不同车间和工种的特点，穿戴不同的工作服和工作帽，很容易使那些擅离职守、串岗聊天的人处于众目睽睽之下，促其自我约束，逐渐养成良好工作习惯。如，有些地方的企业实行了挂牌制度，经过考核，按优秀、良好、较差、差等四个等级为企业挂上不同颜色的标识牌。个人考核也可以引入这种方法，优良与合格者佩戴不同颜色的臂章，不合格者无标志。这样，目视管理就能起到鼓励先进、鞭策后进的激励作用。

推行目视管理，一定要从企业实际出发，防止搞形式主义，有重点、有计划地逐步展开。在这个过程中，应达到的基本要求是：统一、简约、鲜明、实用、严格。

关键点提示

目视管理的基本内容包括：

1.规章制度与工作标准公开化；2.生产任务与完成情况图表化；3.与定置管理相结合，实现视觉显示信息标准化；4.生产作业控制手段形象直观与使用方便化；5.物品的码放和运送的数量标准化；6.现场人员着装的统一化与实行挂牌制度；7.色彩的标准化管理。

2.14 如何进行看板管理

工作场景描述

当企业要实施拉动式生产或减少盲目生产时，可查看。

解读与分析

看板管理，即把企业中潜在的问题或需要做的作业写在一块显示板上，让任何人一看显示板就知道出现了何种问题或应采取何种措施。看板管理方式作为一种生产管理方式，在生产管理史上是非常独特的。看板管理可以说是精益生产方式最显著的特点。看板只有在工序一体化、生产均衡化、生产同步化的前提下，才有可能运用。所以，在引进精益生产方式以及看板管理方式时，最重要的是对现存生产系统进行全面改组。

1.认识看板的机能

（1）发出生产以及运送的工作指令。看板上记载着生产量、时间、方法、顺序以及运送量、运送时间、运送目的地、放置场所、搬运工具等信息，从装配工序逐次向前道工序追溯，作业人员在装配线上将零部件上所带的看板取下，以此再去前道工序领取。

（2）防止过量生产和过量运送。看板必须按照既定的使用规则来使用。其中一条规则是：没有看板不能生产，也不能运送。根据这一规则，看板数量减少，则生产量相应减少。由于看板所表示的是必要的生产量，因此看板的使用能够实现自动防止过量生产以及过量运送。

（3）进行“目视管理”的工具。看板的另一条使用规则是：看板必须在实物上存放，前道工序按照看板取下的顺序进行生产。根据这一规则，作业现场的管理人员对生产的先后顺序能够一目了然，方便管理，只要看看看板，就可知道后道工序的作业进展情况、库存情况，等等。

（4）改善物流程序的工具。在精益生产方式中，通过不断减少看板数量来减少在制品的中间储存。在一般情况下，如果在制品库存数量较高，即使设备出现故障，不良品数目增加，也不会影响到后道工序的生产，所以容易把这些问题掩盖起来。

看板的使用规则如下：

（1）没有看板不能生产，也不能运送；

（2）看板只能来自后道工序；

（3）前道工序只能生产取走的部分；

（4）前道工序按收到看板的顺序进行生产；

（5）看板必须与实物在一起；

（6）不能把不良品交给后道工序。

每一个传送看板只对应一种零部件。每种零部件总是存放在规定的、相应的容器内，所以一个传送看板对应的容器也是固定的。

根据看板的使用规则之一“不能把不良品交给后道工序”，后道工序所需得不到满足，就会造成全线停工，由此可使问题立即暴露，从而必须立即采取改善措施来解决问题。这样不仅使问题得到了解决，也使生产线的“体质”不断增强，进而带来了生产率的提高。精益生产方式的目标是最终实现无储存生产，而看板提供了一个朝着这个方向迈进的工具。

2.了解看板的种类

看板主要分为传送看板与生产看板。

（1）传送看板。传送看板一般用于指挥零部件在前后道工序之间的移动。它主要包括工序间看板、外协看板、对外订货看板等。其中，工序间看板是工厂内部后道工序到前道工序领取所需零部件时使用的看板；外协看板与工序间看板类似，只是前道工序不是内部的工序，而是供应商，是针对外部协作厂家所使用的看板；在对外订货看板上，应着重记载进货单位的名称、进货时间、每次进货的数量等信息。

（2）生产看板。生产看板是指用于指挥各生产工序的看板，一般包括工序内看板、信号看板、临时看板等。其中，工序内看板是各工序进行加工生产时所用的看板，这种看板规定了所生产的零部件及其数量，它只在工作地和出口存放处之间往返。信号看板是在进行成批生产作业的工序中所使用的看板，挂在成批制作出的产品上，当该批产品的数量减到基准数时摘下看板，送回生产工序，然后生产工序按该看板的指示开始生产。另外，零部件出库到生产工序，也可利用信号看板来进行指示配送。而临时看板是进行设备维护、设备修理、完成临时任务时所使用的看板。

3.掌握看板的使用方法

在看板管理中，可将物流与信息流区分为工序间物流与信息流、工序内物流与信息流。

（1）工序间物流与信息流。工序间物流与信息流由传送看板进行控制。传送看板担当指挥零部件在前后两道工序之间移动的任务。传送看板的使用方法中，最重要的一点是看板必须随实物（产品）一起移动。当后道工序需要补充零部件时，传送看板就被送至前道工序的出口存放处，并被附在放置所需零部件的容器上。同时，前道工序作业人员取下该容器上的生产看板，放入生产看板专用盒中，之后将传送看板附在装有零部件的容器上，把该容器从前道工序的出口存放处搬运到后道工序的入口存放处。当后道工序开始使用其入口存放处容器中的零部件时，传送看板就被取下，放入传送看板专用盒中。因此，传送看板只是在前道工序的出口存放处和后道工序的入口存放处之间往返传递。

（2）工序内物流与信息流。生产看板可控制工序内的物流与信息流，指挥工序的生产，因为生产看板规定了所生产的零件及其数量。当后道工序传来的传送看板与该作业点出口存放处容器上的生产看板相关内容一致时，作业人员取下生产看板，放入专用盒内。该作业点的作业人员按顺序从生产看板专用盒内取走生产看板，并按生产看板的具体内容，从作业点的入口存放处取出要加工的零部件，加工完成规定的数量之后，将生产看板附于容器上，放置于该作业点的出口存放处。该容器连同传送看板一同被送到后道工序的入口存放处。如果生产看板专用盒中的看板数量为零，则停止生产。因此，生产看板只在作业点与其出口存放处之间往返。

4.认识看板管理的目的

看板管理的目的，即实现适时、适量、适物生产。

（1）在制品的数量可以通过发出的看板数来计算与控制。出口存放处的在制品数量可以按发出的生产看板数来计算；入口存放处与搬运过程中的在制品数量，则可以用发出的传送看板数来计算。因此，控制了看板的发出数量就控制了各工序上的在制品数量。

通常，可以用下述方法来控制与调整在制品的数量——前后道工序生产的均衡化，即通过提高前后道工序生产的均衡化程度，减少维持前后道工序不平衡的在制品所对应的看板数。

（2）减少看板。有计划地主动减少看板，如出现问题，则找出原因。当需要找出某一作业点生产中存在的问题时，则减少发出的生产看板数；当需要找出搬运方面后道工序工作点中存在的问题时，则减少发出的传送看板数。当采用最简单易行的、花费最少的方法，使生产在新的库存水平下能够平稳地运行时，再减少一些看板。重复以上过程，直至不需要看板，就完全实现了准时生产。

（3）全员参与。要让每一位员工参与发现问题并解决问题的工作。管理者的精力是有限的，有些问题及其好的解决方法可能只有具体作业者最清楚，所以要让每一位员工参与发现问题并解决问题的工作。如何减少调整准备时间？如何更好地确定设备保全周期，减少停机时间？如何更好地防止品质问题的发生？利用全员智慧解决类似问题，就能更好地实现精益生产，减少在制品数量。只要初步实现了拉动式生产，就可以沿着精益生产指引的方向不断改进生产。

看板管理是一个永无止境的改善过程，在这个过程中，各层管理者所面临问题的难度越来越大，作业要求也越来越细致。这使人们永远不会自满，永远要去面对新问题。只有具有不断改善、追求完美的精神，勇于接受新的富于挑战性的工作，才能保持企业强大的生命力。

关键点提示

进行看板管理时应该做到：

1.认识看板的机能；2.了解看板的种类；3.掌握看板的使用方法；4.认识看板管理的目的。

2.15 如何实施定置管理

工作场景描述

当企业要了解并准备实施定置管理时，可查看。

解读与分析

定置管理是以生产现场为主要对象，研究分析人、物、场所的状况以及它们之间的关系，并通过整理、整顿、改善生产现场条件，促进人、机器、原材料、制度、环境有机组合的一种管理方法。

定置管理是对物的特定管理，是其他各项专业管理在生产现场的综合运用，是研究企业在生产活动中人、物、场所三者关系的一门科学。企业在实施定置管理时要掌握以下内容。

1.确定定置管理内容

定置管理内容较为复杂，在工厂中可粗略地分为工厂区域定置、生产现场区域定置和可移动物件定置等。

（1）工厂区域定置：包括生产区和生活区的定置。

①生产区定置包括总厂、分厂（车间）、库房定置。总厂定置包括分厂、车间界线划定，大件报废物摆放，改造厂房拆除物临时存放，垃圾存放，车辆存放等。分厂（车间）定置包括工段、工位、机器设备、工作台、工具箱、更衣间等的定置。库房定置包括货架、箱柜、贮存容器等的定置。

②生活区定置包括道路建设、福利设施、园林修造、环境美化等的定置。

（2）生产现场区域定置：包括毛坯区、半成品区、成品区、返修区、废品区、易燃易爆污染物停放区等的定置。

（3）可移动物件定置：包括劳动对象（如原材料、半成品、在制品等）定置，工量具、文件资料等工具（如量具、模具、容器、工艺文件、图纸等）定置，废弃物（如废品、杂物等）定置。

2.实施定置管理

（1）方法研究。方法研究是开展定置管理的起点，内容是对生产现场现有加工方法、机器设备情况、工艺流程等进行详细分析研究，确定其在技术水平上的先进性，在经济上的合理性，分析是否需要、是否有可能采取更先进的工艺手段及加工方法，进行改造、更新，从而确定工艺路线与搬运路线，使定置管理达到科学化、规范化和标准化。

（2）分析人、物结合状态。这是开展定置管理的第二个阶段，也是定置管理中最关键的一个环节。定置管理的原则是提倡A状态，改造B状态，清除C状态，以达到提高工作效率和工作质量的目的。

（3）分析物流、信息流。在生产现场，需要定置的物品（无论是毛坯、半成品、成品，还是工具、辅具等）都随着生产的进行而按照一定的规律流动着，它们所处的状态也在不断地变化。这种定置物规律的流动与状态变化，称为物流。随着物流的变化，生产现场中存在着大量的信息，如表示物品存放地点的路标、表示所取之物的标签，定置管理中表示定置情况的定置图、表示不同状态物品的标牌、为定置摆放物品而划出的特殊区域等，都是生产现场中的信息。随着生产的进行，这些信息也在不断地运动着、变化着，当加工件由B状态转化为A状态时，信息也伴随着物的流动变化而变化，这就是信息流。对物流、信息流进行分析，可不断掌握加工件的变化规律和信息的连续性，并对不符合标准的物流、信息流进行改正。

（4）设计定置图。首先，是定置图的设计；其次，是信息的标准化工作。在工厂推行定置管理过程中一般应有工厂定置图、分厂或车间定置图、区域定置图和工具箱定置图等。其中，分厂（车间）定置图是最重要的。

设计定置图时应注意以下几点。

①对场所、工序、工位、机台等进行定置诊断。根据人机工程学确定定置图是否符合人的心理、生理需要，是否满足保证产品质量的需要，要做到充分利用空间与时间。

②定置图按统一标准制作。如全厂范围内的定置图用A0纸，分厂（车间）与大型仓库定置图用A2纸，班组定置图用A3纸，机台、工位、工具箱定置图用A4纸等。

③设计定置图时应尽量按生产组织划分定置区域。如一个分厂有4个较大的生产工段，即可在定置图上标出4个相应的定置区域。

④设计定置图时先以设备为整个定置图的参照物，然后依次画出加工件定置图、半成品待检区、半成品合格区、成品待检区、成品合格区、废品区、返修品区、待处理区等。

⑤定置图完成后可进行信息标准化工作。定置区的区域线用黄色，通道用黄线，定位线用白线标出。定置区域应用标志牌表示，规格应统一。制作流动性物品的标志牌时，标志牌的色彩为绿底白字，规格为：大，80cm×45cm、60cm×35cm（悬挂）；中，45cm×25cm（悬挂）、30cm×20cm（贴墙壁）；小，15cm×8cm。

（5）实施定置。按照定置设计的具体内容进行定置管理，即对生产现场的材料、机械、操作者、操作方法进行科学的整理、整顿，将所有的物品定位，按图定置，使人、物、场所三者的结合达到最佳状态。

（6）考核定置。这是定置管理的最后一个阶段。为了巩固已取得的成果，发现存在的问题，不断完善定置管理，企业必须坚持定期检查与考核工作。一个企业的定置管理开展得好与坏是以定置率为衡量标准的。定置率的计算公式是：

定置率=实际定置的物品个数（件数）/应该定置的物品个数（件数）×100%

实施定置管理可以不断改善生产现场条件，科学地利用场所：向空间要效益，促进人与物的有机组合，使生产中需要的东西唾手可得；向时间要效益，实现生产现场管理规范化与科学化。

关键点提示

定置管理的实施过程包括：

1.方法研究；2.分析人、物结合状态；3.分析物流、信息流；4.设计定置图；5.实施定置；6.考核定置。

2.16　如何进行生产异常管理

工作场景描述

当企业要明确生产异常管理的内容，加强生产异常管理时，可查看。

解读与分析

生产异常是指因某些原因造成制造部门停工或生产进度延迟的情形，由此造成的无效工时，可称为异常工时。生产异常在生产作业活动中是比较常见的，企业应进行必要的生产异常管理。

1.明确生产异常的产生原因

（1）计划异常。生产计划临时变更或安排失误等导致的异常。

（2）物料异常。物料供应不及时（断料）、物料出现品质问题等导致的异常。

（3）设备异常。设备等原因导致的异常。

（4）品质异常。产品在制造过程中出现了品质问题而导致的异常，也称制程异常。

（5）产品异常。产品设计或其他技术问题导致的异常，也称机种异常。

2.计算异常工时

当所发生的异常导致生产现场部分或全部人员完全停工等待时，异常工时的影响度以100%计算（或可依据不同的状况规定影响度）。

当所发生的异常导致生产现场需增加人力投入排除异常现象（采取临时对策）时，异常工时的影响度以实际增加投入的工时为依据进行评定。

发生生产异常，即有异常工时产生，时间在10分钟以上时，应填写异常报告单。其内容一般应包含生产批号、生产产品、异常发生部门、日期、异常情况、造成的影响、对策等。

当所发生的异常导致生产现场作业速度减慢（可能同时也需增加人力投入）时，异常工时的影响度以实际影响比例计算。

3.确定生产异常管理流程

异常发生时，发生异常部门的主管应立即通知技术部门或相关责任单位前来研究对策，处理异常，并报告直属上级。

制造部门会同技术部门、责任单位商定临时应急对策并加以执行，以降低异常的负面影响。

异常排除后，由制造部门填写异常报告单（一式四联），并转责任单位。

责任单位填写异常处理的根本对策，以防止异常重复发生，并将异常报告单的第四联自存，其余三联退还制造部门。

制造部门接到责任单位的异常报告单后，将第三联自存，并将第一联转财务部门，第二联转生产部门。

财务部门保存异常报告单，作为向责任厂商索赔（当异常原因为物料、设备、外协件等企业外因素时）的依据及制造费用统计的凭证。

生产部门保存异常报告单，作为生产进度管理控制的依据，并为生产计划的安排提供参考。

生产部门应对责任单位和异常对策的执行结果进行追踪。

异常损失工时不足10分钟时，只做口头报告或填入生产日报表，不另行填写异常报告单。

4.判定各部门责任

（1）开发部门的责任：①未及时确认零件样品；②设计错误或疏忽；③设计延迟或设计临时变更；④设计资料未及时完成。

（2）生产部门的责任：①生产计划日程安排错误；②临时变换生产安排；③生产计划变更未及时通知相关部门；④未发制造命令。

（3）制造部门的责任：①工作安排不当，造成零件损坏；②操作设备仪器不当，造成故障；③作业未依标准执行，造成异常；④效率低下，前制程生产不及时，造成后制程停工；⑤流程安排不顺畅，造成停工。

（4）技术部门的责任：①工艺流程或作业标准不合理；②技术变更失误；③设备保养不力；④设备产生故障后未及时修复；⑤工装夹具设计不合理。

企业在进行生产异常管理中，应明确生产异常产生的原因，按照既定的处理程序进行处理，查明责任部门并令其做出处理。

关键点提示

生产异常管理的过程包括：

1.明确生产异常的产生原因；2.计算异常工时；3.确定生产异常管理流程；4.判定各部门责任。

2.17　如何实施均衡生产

工作场景描述

当企业要了解并掌握均衡生产的内容时，可查看。

解读与分析

均衡生产是企业的各个环节（车间、工段、小组等）在相等的时间（月、旬、轮班、小时）内，按照生产计划的要求，完成相等或递增的工作量，按期、按量、按品种、按质量，有节奏地、均匀地生产产品。产量一般按实物单位计算，在品种繁多的情况下，也可以用产品的产值、定额工时来计算。要想实现均衡生产，企业要做好以下工作。

1.编制生产计划

编制生产计划时，必须将生产任务与生产能力、劳动能力、原材料供应等进行综合平衡。编制生产计划时要注意如下几点。

①确定期量标准。要合理地确定劳动对象（零件、部件、制件）在生产过程中移动的时间和数量的标准，并把其落实到每个生产环节。

②落实计划管理的各项基础工作。生产准备工作应与生产计划紧密地衔接起来，把影响生产计划落实的关键问题解决在正式投产之前。

③做好计划检查、考核基础工作。

④建立健全各类原始记录、作业统计、劳动定额和物资消耗定额等。

2.加强毛坯、半成品和在制品管理

健全管理规章制度，做到有章可循。加强信息反馈，加强生产过程中毛坯、半成品和在制品的动态管理，做到心中有数。合理确定生产各环节中毛坯、半成品和在制品的占用量，并使之规范化、标准化。

3.加强产品质量管理

做好生产技术准备，加强设备的维修保养工作，推广典型工艺和成组工艺，采用先进的生产组织形式，扩大生产批量，以提高均衡生产的水平。

4.加强生产调度工作

建立强有力的生产组织形式。强有力的生产调度工作是贯彻执行生产计划，实现均衡生产的重要环节。

5.衡量生产均衡程度

（1）对比指标。

它是衡量生产均衡程度的一种简便方法。一般是用旬或季度的产量同月或年的产量进行对比，求出实际产量占计划产量的比重，来考查企业生产是否均衡。例如，某企业确定季度均衡为2、2、3、3，即各季度分别完成年计划的20%、20%、30%、30%。

这种方法的优点是使用起来简便、清晰，容易计算和考核，可以做到对全年生产完成情况心中有数，避免出现年初松、年底紧、岁末突击的现象。

它的缺点是考核比较粗，不能显示任意一段时间内的生产是否均衡。由于粗略，它偏重对企业制成品均衡生产的考查，而对企业生产过程中半成品、在制品的积压数不清楚，这就容易造成半成品在制品的积压。

（2）计算均衡率。

均衡率以某时间段内实际生产完成情况与生产计划要求之比来表示实现均衡生产的程度。计算公式如下：

均衡率=各段时间产量计划完成百分数（超计划数按100%计算）之和/时间段数×100%

式中，各段时间的长短可以根据生产类型来确定。一般情况下，大量大批生产可按日、轮班、小时计算，单件小批量生产可按旬计算。一段时间的产量超过计划产量时，计划完成百分数按100%计算，以防止因某段时间超额完成的部分弥补了另一时间段未完成计划的部分，而掩盖了生产不均衡的现象。时间段数则是指各段时间之和。

②企业的生产一般是多品种、多批量的。对多品种生产的均衡率进行计算时，则需要把品种和时间等诸因素综合起来考虑，按各品种每段时间完成计划的百分数总和来计算。计算公式如下：

均衡率=几种产品（部件、零件）日计划完成百分数（超计划数按100%计算）总和/几种产品（部件、零件）月计划规定工作日总数×100%

上式还可表示为：

均衡率=∑产品（部件、零件）日计划完成百分数÷∑产品（部件、零件）生产日数×100%

式中，对于日计划完成百分数，如果超过计划产量，则按100%计算；未完成计划产量，则按实际完成百分数计算。

③凡制订有日历进度计划的零件、部件、产品，也可按照日历进度计划完成次数计算其均衡率，计算公式如下：

均衡率=∑零件（部件、产品）按计划完成次数÷∑零件（部件、产品）计划次数×100%

总之，均衡生产贯穿于企业生产的全过程。基本生产过程的各个环节要实现均衡生产，生产的技术准备过程、辅助生产过程和生产的服务过程，需按照均衡生产的要求相互配套，才能有效地保证企业生产活动协调均衡地进行，保证企业有节奏地生产产品。实现均衡生产是社会化和现代化大生产的客观要求。

关键点提示

要想实现均衡生产，要做好以下工作：

1.编制生产计划；2.加强毛坯、半成品和在制品管理；3.加强产品质量管理；4.加强生产调度工作；5.衡量生产均衡程度。

2.18 如何实现“一个流”生产

工作场景描述

当企业在生产作业过程中出现搬送频繁、在制品多等现象时，可查看。

解读与分析

精益生产方式的核心思想之一，是尽量使工序间的在制品数量接近于零。这就是说，一道工序的加工一结束，就将制品立即转到下一道工序去，生产同步化（顺畅化）是精益生产的一个基本原则。为了实现这一原则，精益生产方式在设备布置和作业人员的配置上采取了一种全新的方法：“一个流”生产。

为了实现“一个流”生产，企业必须从加工工序、加工设备到人做到“八个按”。

1.按单件流动进行生产

单件流动就是做一个、传送一个、检查一个，将制品经过一道道加工工序做成成品，即避免批量加工，逐个完成零部件在相关工序上的加工。

2.按加工工序排列设备

单件生产结束后，搬运上的浪费就显露了出来。原来以一个批量在各道工序之间搬运，现在由于实行单件生产，每做完一件就必须搬运到下一道工序，所以搬运上的浪费激增。精益生产思想认为，这种浪费是设备排列方式不当造成的，所以要：

（1）放弃按类型排列设备的思想，应按工序排列设备；

（2）避免产生孤岛设备，尽可能使设备的布置流水线化。

3.按节拍进行生产

产品经过不同的工序设备而流动下去，如果各道工序的生产速度不一致，就会在各道工序形成在制品的堆积，破坏单件生产的顺畅。企业应保证产品流动的顺畅性，消除上述现象，因此必须将各道工序的生产速度都保持在相同的节拍上，按事先计算的节拍，按客户的需求，适时、适量、适物地进行生产。

4.按站立式方式进行走动作业

一般的机械加工厂，作业人员平常是站着操作机器设备的，所以站立式作业是理所当然的作业方式。可是，如果平常采用坐着工作的作业方式，例如输送带方式的组装作业，改变作业方式，就成了重要的课题。在最终实施“一个流”生产时，更要采用一面走动，一面进行加工的走动作业方式，而非站在原地不动的站立式作业方式。管理者必须对此点有充分的认识，并且能够与作业人员进行沟通，使其了解走动作业的目的，而且企业领导要有将走动作业贯彻到底的决心。

5.按多能工标准培养作业人员

能操作多制程作业的作业人员，称为多能工。这与只能操作一制程作业的单能工是不同的。在企业内快速推行多能工培养方式是实现精益生产一个很重要的条件。

6.按标准进行作业

要想做到多能工化，就必须先力求彻底地将机械标准化，以便任何一位作业人员都有能力简单地操作机械；作业方法也需彻底标准化，消除特殊作业及例外作业，将多能工化作为工厂的首要目标，全力推行。

7.按小型、价廉原则选用设备

当需要生产大量的产品时，大型设备或许是适当的。不过在大型设备旁边，常常可以看见积压了大量的在制品，使在制品流动不畅。因此，采用大型设备对“一个流”生产的影响是很大的。市场的需求已经走向多品种、小批量，生产线也必须转向采用多条短小生产线的模式，这样才能有效应对市场的需求。所以对机器设备的要求，也应改变成小型化，速度不一定很快，但品质要很稳定，故障率也低，这样的机器设备才是较好的机器设备，而且在不影响生产的前提下，价格越便宜越好。

8.按U形生产线布置设备及作业人员

在“一个流”生产中，将原材料经由一次一次的加工而制成成品，作业人员必须顺着加工顺序走动下去。如果设备布置成直线形，从投入生产到生产出来，作业人员会有空手走向投入端的动作浪费。

因此，在“一个流”生产中，必须将生产线布置成U形，所以这样的生产线也称为U形生产线。另外，机器设备的设计及排列也要以上述观念为基础，即投入端与取出端必须在同一个工作点，如此才能节省人力，使物流顺畅，消除浪费。所以作业区中的设备一般布置成U形，目的是使作业区的入口和出口较近，消除作业人员完成一件产品后从出口（最后一道工序）返回入口（第一道工序）的动作浪费。每个U形作业区可同时供多个作业人员完成多道工序，一个作业区只需设置一个入口存放处和一个出口存放处，不必为每台设备单独设置入口存放处和出口存放处，这样场地也节省了许多。

在精益生产中，采用“一个流”生产方式，能最大限度地消除搬送、在制品多、可能出现大量不良品等现象。

关键点提示

实现“一个流”生产，要做到“八个按”，具体如下：

1.按单件流动进行生产；2.按加工工序排列设备；3.按节拍进行生产；4.按站立式方式进行走动作业；5.按多能工标准培养作业人员；6.按标准进行作业；7.按小型、价廉原则选用设备；8.按U形生产线布置设备及作业人员。

2.19　如何实现柔性生产

工作场景描述

当企业希望用增加库存的方式来满足客户不断变化的需求时，可查看。

解读与分析

柔性生产能力是指制造商能够快速有效地生产单一批量的多样化或个性化的定制产品的能力。今天，企业正在面临经营环境不断变化的挑战，如市场竞争的全球化、市场需求的多样化和不确定性、产品寿命的缩短以及价格竞争的加剧等，都对企业现有的生产方式提出了新的、更高的要求。为了在残酷的竞争环境中求得生存和发展，企业必须研究出一些低成本并且能够快速反应的制造方法，柔性生产方法就是这些方法的总称。

只有具有柔性的制造系统、柔性生产能力，企业才能适应动态的市场需求。企业可通过柔性系统的组织、设备使用和生产过程，快速地大批量生产、制造多品种产品。

柔性的含义包括三个方面：能力的柔性、容量的柔性、系统适应内部变化的柔性。其中，系统适应内部变化的柔性是指在出现设备故障、紧急订单或其他方面扰动的情况下，系统能够快速恢复运行的能力。具有柔性和快速响应能力是大规模定制制造系统的主要特点。信息集成技术、先进制造技术和先进的管理技术是大规模定制制造系统不可缺少的支撑技术。在大规模定制系统中，生产流程柔性的创新包括模块化设计、精益生产、信息技术及数控制造设备的使用、可动态组合的生产线布局方式、动态响应的控制系统结构。

以下是一些有代表性的柔性生产的方法。

1.细胞生产方式

细胞生产方式有两个特点：一是规模小，生产线短，操作人员少；二是标准化之后的生产细胞可以简单复制。由于具有这两个特点，细胞生产方式能够满足以下需求。

（1）简单应对产量的变化，通过复制细胞就能够满足细胞生产能力整数倍的生产需求。

（2）减少场地占用，细胞是可以简单复制的（细胞生产线可以在一天内搭建完成），因此不需要的时候可以拆除，节省场地。

（3）每一个细胞的作业人数少，降低了平衡工位间作业时间的难度，而且工位间作业时间差异小，生产效率高。

企业通过合理组合员工，即将能力相当的员工组合成细胞，可以发挥员工最高的作业能力水平。细胞生产线的形式是多样的，有O形、U形、餐台形、推车形等。如果能够根据每一个细胞的产能给予相应的奖励，还有利于促成细胞间的良性竞争。

2.一人生产方式

我们看到过这样的情形，某产品的装配时间总共不足10分钟，但是它还是被安排在一条数十米长的流水线上，装配工作由线上的数十人来完成，每个人的作业时间不过数秒。针对这样一些作业时间相对较短、产量不大的产品，如果能够打破常规流水线生产方式，改由每一个员工单独完成整个产品装配任务的话，将获得意想不到的效果。同时，由于工作绩效（品质、效率、成本）与员工个人直接相关，一人生产方式除了具有细胞生产方式的优点之外，还能够大大地提高员工的品质意识、成本意识和竞争意识，促进员工成长。

3.柔性生产线方式

从前，许多企业都会外购标准流水线用于生产，现在却逐步被自己拼装的简易柔性生产线取代。相较而言，首先，柔性生产线可降低设备投资额的70%～90%；其次，设备安装不需要专业人员，一般员工即可快速地在很短的时间内完成安装；再次，不需要时可以随时拆除，提高场地利用效率。

4.台车生产方式

我们经常看到一个产品在制造过程中，从一条线上转移到了另一条线上，转移工具就是台车。着眼于搬动及转移过程中的损耗，有人提出了台车生产线，即在台车上完成所有的装配任务。这样做，不仅省去了生产线，而且搬运和转移效率大大提高。

5.固定线和变动线方式

根据某产品产量的变动情况，设置两类生产线：一类是满足某一相对固定部分的固定生产线，一类是用来满足变动部分的变动生产线。通常，传统的生产设备被用作固定线，而柔性设备等被用作变动生产线。

柔性生产总的趋势是：生产线越来越短，越来越简单，设备投资越来越少；中间库存越来越少，场地利用率越来越高，成本越来越低；生产周期越来越短，交货速度越来越快；各类损耗越来越少，效率越来越高。可见，实现柔性生产可以大大地降低生产成本，强化企业的竞争力。

关键点提示

具有代表性的柔性生产方式有：

1.细胞生产方式；2.一人生产方式；3.柔性生产线方式；4.台车生产方式；5.固定线和变动线方式。

2.20　如何进行单件生产

工作场景描述

当企业想消除在制品与成品库存方面的不合理现象，避免占用大量空间和资金时，可查看。

解读与分析

在推行精益生产方式时，库存管理的重点是消除在制品与成品库存不合理导致的浪费。

库存会掩盖生产中的许多问题，还会滋长工人的惰性，更糟糕的是，要占用大量的资金。减少库存的有力措施是变批量生产、排队供应为单件生产。在单件生产中，基本上只有一个生产件在各道工序之间流动，整个生产过程随单件生产的进行而保持永远流动。理想的情况是，在相邻工序之间没有在制品库存。实现单件生产和保持生产过程的流动性必须做到以下两点。

1.生产同步化

（1）生产同步化的意义。精益生产方式的核心思想之一，也是“零库存”管理的核心，就是要尽量使工序间的在制品数量接近于零。也就是说，前道工序的加工一结束，应该立即转到下一道工序上。生产同步化是实现精益生产的一个基本原则。

在传统生产企业里，各道作业工序之间相互独立。在进行批量生产时，各道工序的作业人员在加工出来的产品累积到一定数量后才将它们运送到下一工序，此种做法必然导致工序间出现大量的在制品。而单件生产是使组装线和机加工或子组装线的生产几乎同步进行，使产品生产实现单件生产、单件流动。为了实现这一点，同步化生产在作业区或设备布置以及作业人员的配置上采取了一些全新的方法。

（2）生产同步化的方式。“一个流”生产是实现同步化生产的主要方式，即将作业场地、人员、设备（作业台）合理配置，使产品在生产时，每道工序只有一个在制品或成品，从生产开始到完成，没有在制品放置场地及入箱包装作业。

“一个流”生产有两个特点：一是零件一个一个地经过各种机械设备进行加工、移动，而不是一批一批地加工、移动；一是作业人员随着在制品走，从作业区的第一道工序到最后一道工序都是该作业人员操作。

此种方式，因为各工序衔接在一起，前道工序做完一个在制品，就立即“流”到下一道工序继续加工，所以工序间几乎没有搬运距离，也没有在制品，因此在制品数量大幅度降低。生产同步化的目的就是尽量使工序间在制品数量接近于零。

2.生产均衡化

（1）生产均衡化的定义。所谓生产均衡化，就是要求物流完全与市场需求同步，即从采购、生产到发货，各个阶段的任何一个环节都要与市场合拍。

（2）生产均衡化的意义。为了遵循“后道工序取走多少，前道工序生产多少”的原则，所有工序都必须拥有确保按时按量进行生产的设备和人力。然而，如果后道工序取走物品的时间和数量总是浮动比较大的话，前道工序自然会出现生产能力不平衡造成的浪费现象，而且也有可能出现为满足后道工序要求而出现过剩生产的现象，这自然违背了“按后道工序取走量进行补充生产”的原则。而且，以此类推，继续向前道工序连带反应，将会导致恶性循环。因此，从最终生产线开始，企业就应实现生产的均衡化，确保所有相关作业的负荷平衡，这也是实现精益生产最基本的前提。

（3）生产均衡化的目的。生产均衡化最终要达到的目的是，一件一批，最终实现完全按市场需求、按时按量生产的运作模式。

实现生产均衡化，同时也能达到以下目的。

①防止发生作业停滞现象。

②缩小零部件需要量的变化范围。

③不仅生产计划的变更比较容易，现场应对计划变更的能力也比较强。

④包括最原始材料生产线在内的整个生产连环系统，都可以用同样的思路进行“标准作业”，便于管理。

实施单件生产的目标是要使企业在生产过程中减少在制品库存，进而实现“零库存”。只有实现均衡化生产，才能大大减少甚至消除原材料、外购件、在制品与成品的库存。

关键点提示

为实现单件生产，企业必须做到：

1.生产同步化；2.生产均衡化。

2.21　如何进行动作分析

工作场景描述

当操作人员在生产作业过程中出现多余动作等不良现象时，可查看。

解读与分析

动作分析又称动作研究，是对生产活动中全部作业的动作进行观测分析，研究人的各种动作浪费，从而寻求省力、省时、安全、经济的作业方法。动作分析通过研究分析人的各种操作动作，发现并消除无效动作或浪费现象，最终提高作业效率。

1.动作经济原则

动作经济原则适用于人的全部作业，是动作改善的基本原则，包括肢体的使用、作业配置、机械设计三个方面。

（1）肢体使用原则。

①双手同时开始，同时结束动作。

②双手的动作应对称反向进行。

③身体动作幅度越小越好，动作时间越短越好。

④动作姿势稳定。

⑤做连续圆滑的曲线动作。

⑥利用物体惯性。

⑦减少动作注意力。

⑧动作应尽可能有节奏，习惯性的节奏有助于提高熟练度。

（2）作业配置原则。

①材料、工装的三定（定点、定容、定量）。

②材料、工装预置在小臂的工作范围内。

③材料、工装的取放应尽可能简单化。

④物品的移动以水平移动为佳。

⑤利用物品自重进行工序间传递与移动。

⑥作业高度适度，以便于操作。

⑦需满足作业要求的照明条件。

（3）机械设计原则。

①用夹具固定产品及工具。

②使用专用工具。

③合并两种工装为一种。

④提高工具使用的便利性，减少疲劳。

⑤机械操作步骤相对稳定，操作程序流程化、标准化。

⑥操作程序与作业程序相配合。

2.动作分析的方法

动作分析的方法可以分为目视动作分析、动素分析和影像分析三种。

（1）目视动作分析。观测者直接对操作人员的现场作业进行观测分析，现场发现动作问题并改善。优点是可以对现场瓶颈工序实施改善，提高作业效率；缺点是时间测定及对操作人员细微动作的观测有困难。

（2）动素分析。动素分析是对操作人员的作业进行细微的动作分解与观察，对操作人员的每一个连续动作进行分解，对操作人员的右手、左手、眼睛三种动作进行分开观察并进行记录，进而寻求改善的动作分析方法。

（3）影像分析。动作分析的代表性方法是动素分析，但是当需要对人体动作进行进一步的反复细致研究分析时，则需要通过录像方法进行人体动作的影像分析。通过作业录像进行分析，可以精确地对操作人员的作业时间及动作要素进行测定及研究分析，是动作分析中精度最高的一种，有成本低、功能丰富、便利、易操作、可立即观看等优点。

3.动作分析的程序

（1）观察与记录。观察生产现场作业者的动作，包括眼睛的移动，并进行记录。

（2）改善动作。分析记录结果中的动作浪费并对照动作经济原则进行改善，去除浪费的动作及将费时的动作改为较快的动作。

（3）重新编制作业方法。打破现有方法程序，设定作业标准，使工作进行得更轻松、更有效，是动作分析的目的。但值得强调的是，在上述动作分析的过程中，并非仅仅注重消除动作浪费、提高效率，分析时更要注意所用材料、工装夹具、机械及作业环境对作业方法的影响，从生产作业的全部因素入手改善作业效率。因为动作会随着机械的操作位置，材料、工具等的放置位置而改变，所以要通过定位、定容、定量等方式对作业方法进行全面改善，提高作业效率。

动作分析的核心方法是动素分析。它将人的动作划分为最小单位的动素，即人的动作的基本要素，通过分析，我们可了解动作的本质。掌握并灵活运用动作分析是进行作业改善时必不可少的方法之一。

通过程序分析，我们对生产工艺进行流程改善、设备及布局改善以及“一个流”生产的物流改善，以上改变足以令现场焕然一新。与此同时，通过动作分析，企业可对操作人员的作业动作进行改善。这两项工作合在一起，统称为作业改善。

关键点提示

1.动作分析的方法：

（1）目视动作分析；（2）动素分析；（3）影像分析。

2.动作分析的程序：

（1）观察与记录；（2）改善动作；（3）重新编制作业方法。

第3章

产品设计与质量管理常见问题

产品质量是企业生存与发展的决定性因素。企业能否拥有质量过硬的产品，能否拥有特色产品，首先取决于企业策划人员所开展的产品企划工作。在精益生产环境下，企业可依据并行工程的设计原则，结合质量取胜的战略，对产品进行设计与开发。

企业应始终以质量为中心，通过制订相应的质量标准和质量战略，从产品工艺到产品工序，从产品投入生产、加工到装配、包装、搬运等各个环节，对产品质量实施全面、彻底的控制、管理，消除任何影响产品质量的不合理因素，确保生产的每一个产品都合乎要求，让客户满意。

3.1　如何进行产品企划

工作场景描述

当企业准备对原有产品进行改进，或者设计开发新产品时，可查看。

解读与分析

产品企划是指企业使自己的产品或产品的构成要素顺应消费者的需求、市场的需求的动态市场开发活动。企业总是根据市场的情况及自身的技术实力、经营特点，决定推出什么样的产品，这个阶段就是企划阶段，是由企业的经营层、设计开发部、市场销售部共同策划决定的。

1.对产品企划的认识

（1）产品开发是产品企划的基础。企业的市场活力在于能够不断地推出新产品，用新产品去占领市场。推出新产品有赖于企业的研发能力，指导企业研发人员去开发市场急需的产品，是企划人员的基本职能。产品企划通常有领先型、跟随型和依赖型三种，企划人员策划的产品应是全新产品。然而，大量的事实告诉我们，产品企划并不局限在全新产品开发上，更多的产品企划是对产品的性能进行改良和调整。

企业要想保持市场竞争优势，不断地开发新产品和改良、调整原有产品具有至关重要的作用。但是，产品开发和改良的导向作用，则取决于企业策划人员的思想创意。

（2）产品构思是产品企划的关键。产品构思离不开对消费市场的分析、确认和构想。一般来讲，产品构思主要源于以下几个方面。

①企业内部的构想，即由调查、技术、企划、销售、研发等部门提出的提案，由一般职员或推销员提出的提案，综合和分析客户的要求或不满。这些构思源于新产品构思的提案制度或集体思考等自由会议。

②交易关系方面的构思，即和批发商、零售商、代理商等交易、交涉中所获取的资料，批发商的提案。

③竞争厂商方面的构思，即从竞争者的客户处得到的意见，从竞品、目录、展览会等方面获取的构思，从外国的产品或目录中获得的构思。

④消费者方面的构思，即消费者的意见或提案等。

⑤其他构思，即从发明家、顾问公司、大学或研究室、广告公司、市场调查机构等处获取的构思，以及从政府机关、大众传媒等处获取的构思等。

（3）产品个性是产品企划的保证。进行产品企划时必须突出产品的个性，换句话说，就是为自己的产品创立鲜明的特色，让产品与众不同，从而塑造出独特的市场形象。要想保证产品的个性，除了在产品核心性能上下功夫外，产品形式应独具匠心，如产品的包装、品牌、品质、款式、安装、维修和其他售后服务等。

总之，无论是生产型企业，还是服务型企业，提供消费者需要的具有特色的产品和服务，是企业生存和发展的根本。

2.产品企划的步骤

（1）明确市场客户群的类别。明确此类性能、价格的产品所对应的市场客户群是非常重要的。例如，高、中、低档产品所设定的主要市场客户群应有所区别。市场客户群定位不同，价格不同，设计时要求的成本自然也就不同，采用的技术类型也应有所不同。

（2）预计产品生存时间（从产品投放市场到终止生产的时间）。预计产品生存时间，即估计此类产品在市场上能存活几年，其后技术会被淘汰或客户不会再购买。其主要依据是企业自身的技术发展水平及同行业其他企业的技术发展水平。预计产品生存时间后，再预测市场在这几年中此类产品所占的份额。这种预测完全依赖于企业目前在市场上的地位以及对其他同类企业的市场调查。

①预计总批量（生产总数量）。根据预测所占市场份额及生存时间，大致预测产品生产的总批量。

②明确产品的基本性能及采用的新技术。产品需要具有什么性能？采用哪类新技术？

（3）预算产品设计开发投入费用。预算产品的设计开发需要投入的费用，预测产品的单位成本。总批量对成本的预测而言是十分重要的因素，例如在设计开发中往往要开发模具等，这类投入很大，而模具成本要平摊在以后批量生产的零部件上。若总批量大，则每个零部件平摊的设计开发费用就少。

（4）安排产品设计开发日程及推向市场日程。产品设计开发日程包括从产品企划到成立产品开发小组、决定设计试做、技术试做、试批量生产、正式批量生产的全过程。所谓推向市场日程，包括产品推向市场的时间以及改进型产品推出的时间等。推出的产品总是在几年后落伍，此时，一般企业应对此产品进行改进，即推出改进型产品。这能够让其在市场上增加几年的存活期，从而使企业获得更大的利益。

完成上述企划工作后，企业就可根据设计开发日程，着手进行新产品的设计开发了。

领先型企划以最先进的科技成果为基础，开发出全新的产品。跟随型企划是站在巨人的肩上，把他人的创新成果应用到新的领域。这种企划风险小、效益高。依赖型企划往往将产品构思焦点集中在某一热销产品或服务上，着力开发其必不可少的配件，或是在看好某一市场时，大力开发为此市场服务的相关市场。企划人员必须正确地把握产品企划，设计出独具特色、竞争力强、生命力旺盛的产品。

关键点提示

产品企划的步骤如下：

1.明确市场客户群的类别；2.预计产品生存时间（从产品投放市场到终止生产的时间）；3.预算产品设计开发投入费用；4.安排产品设计开发日程及推向市场日程。

3.2　如何实施并行工程

工作场景描述

当企业设计产品及其零部件时，可查看。

解读与分析

并行工程，就是集成地、并行地设计产品及其零部件，完成相关过程（包括制造过程和支持过程）的一种系统方法和综合技术。其要求产品开发人员与其他人员一起工作，在设计一开始就考虑产品整个生命周期（从概念形成到产品报废处理）的所有因素，包括质量、成本、进度和用户要求等。

1.强调团队合作

为了设计出便于加工、装配、维修、回收、使用的产品，企业必须将产品生命循环各个方面的专家，甚至包括潜在的用户集中起来，形成专门的工作小组。大家共同工作，随时对设计出的产品及其零部件从各个方面进行审查，力求使设计出的产品及其零部件便于加工、装配、维修、运送，且外观美，成本低，便于使用。在集中各方面专家的智慧后设计出来的产品（在定型之前经过多次设计修改）必然可以满足（或基本满足）上述要求。在设计过程中，团队要定期组织讨论，让大家畅所欲言，对设计方案“横加挑剔”，以帮助设计人员做出最佳设计。

2.强调设计过程的并行性

并行性有两方面的含义：一方面是在设计过程中通过专家把关，同时考虑产品生命循环的各个方面；一方面是在设计阶段同时进行工艺（包括加工工艺、装配工艺和检验工艺）过程设计，并对工艺设计的结果进行计算机仿真，直至用快速原型法生产出产品的样件。快速原型法通常简称为原型法，其核心是，用交互的快速建立起来的原型取代形式化的、僵硬的（不允许更改的）大部分的规格说明，用户通过在计算机上实际运行和试用原型系统而向产品开发者提供真实的、具体的反馈意见。

3.强调设计过程的系统性

设计、制造、管理等过程不再是一个个相互独立的单元，要将它们纳入一个整体的系统来考虑。设计过程不仅要出图纸和其他设计资料，还要进行质量控制、成本核算，计划生产进度等。这种工作方式是对传统管理方式的一种挑战。

4.强调设计过程的快速反馈

并行工程强调对设计结果及时进行审查，并及时反馈给设计人员。这样不仅可以大大缩短设计时间，还可以保证将错误消灭在萌芽状态。

面向产品全生命周期的设计，是一种在设计阶段就预见到产品整个生命周期的设计，是具备高度预见性和预防性的设计。正是基于这种预见性，现代产品设计才能做到“运筹于帷幄之中，决胜于千里之外”。

并行工程的实施，可以降低新产品的开发成本，提高产品质量，保证产品功能的实用性，并且能够缩短产品投放市场的时间，进而增强其市场竞争力。

关键点提示

实施并行工程时，应该做到以下几点：

1.强调团队合作；2.强调设计过程的并行性；3.强调设计过程的系统性；4.强调设计过程的快速反馈。

3.3　如何进行基于质量的产品设计

工作场景描述

当企业进行基于质量的产品设计时，可查看。

解读与分析

产品设计指为使产品满足某方面的需要而进行的作业确定和解决问题的过程，或者说是根据某一目的的要求，预先制订产品设计方案的过程。

产品设计是从明确产品设计任务起至确定产品整体结构的一系列工作过程，主要包括确定产品的结构、成分、特征、规格，产品加工制造时所需的材料和外购配件，产品应达到的技术经济指标及其使用方法。产品设计是进行工艺准备、物资准备、产品试制和鉴定等工作的依据和基础。其程序分为技术调查、工艺研究、原型机（研制的样机）设计、原型机制造、原型机试验、试制机设计、试制机制造、试制机试验和生产设计九个阶段。

1.产品设计的质量职能

统计资料表明，60%～70%产品的质量是由产品设计的质量决定的。因此，企业必须加强产品设计的质量管理。产品设计的质量职能主要如下。

（1）根据市场调研结果，掌握用户质量要求，做好技术经济分析，确定适宜的质量水平。

（2）严格认真地按产品设计程序和要求开展工作，对设计质量进行控制。

安排好“早期报警”，包括设计评审、故障分析、实验室试验、现场试验和小批试验等，把设计造成的产品先天性缺陷消灭在形成过程之中。

（3）做好质量特征重要程度的分级和传递，对其他环节的质量职能按设计要求进行重点控制，确保产品符合质量要求。

2.产品设计过程的质量管理

产品设计过程的质量管理，是指根据产品设计的质量职能开展质量管理活动。其任务是保证设计工作质量，组织协调各阶段质量职能，以最短时间和最少消耗完成设计任务。其内容如下。

（1）掌握市场调研结果，进行产品设计的总体构思。

（2）确定产品设计的具体质量目标。

（3）开展新技术的先行试验研究。

（4）明确产品设计的工作程序。

（5）进行早期故障分析。

（6）组织设计质量评审。

（7）根据质量水平确定目标成本。

（8）搞好产品试验验证。

（9）进行小批试制和产品鉴定。

（10）进行质量特性的重要性分级。

（11）加强设计过程中的质量信息管理。

（12）加强设计文件管理。

3.产品设计步骤

一般企业规定产品设计有6个阶段、14个步骤，具体如表3-1所示。

表3-1 产品设计各阶段的内容与任务

阶段	内容	基本任务
规划决策	①市场调研及预测 ②产品规划构思 ③先行试验	调查技术水平、市场需求、社会基本要求、销售去向
总体方案设计	④总体方案设计	确定质量目标，进行技术经济可行性论证，明确环境要求，总体方案评审
技术设计	⑤技术设计（产品结构设计，又称整机设计）	性能指标与经济性预测、初步评审；模拟试验、原理试验
详细设计与试制	⑥依工作图设计样品（机） ⑦样品（机）试制 ⑧样品（机）试验 ⑨样品（机）鉴定	设计评审、可维修性分析 可靠性分析、系统试验、整机试验、设计定型试验
小批试制	⑩改进样品（机） ⑪小批试产及鉴定 ⑫试销	调整修改、定型评审，可靠性试验、现场试验、生产鉴定
批量投产	⑬批量投产 ⑭用户服务	

产品设计的技术经济分析是指，利用各种经济指标和核算方法，对产品的经济价值、质量成本等进行分析，寻求最有利的方案（即最佳工艺方案），以实现质量和经济的统一。常用方法有价值工程、试验设计、容差设计、方案比较法、投资与成本对比法、成本效益分析法、最优化设计等定量计算方法。

（1）过分设计。其表现形式如下。

①适当加大安全系数。

②一般用途的产品采用承受高负载的元件。

③规定的公差大大超过产品适用性的要求。

④在不影响产品外观质量的表面上不惜工本地提高加工精度。

⑤采用过高的产品生命周期指标，到产品更新换代时仍未产生较大磨损。

（2）设计工作责任制。对设计部门中各层次、各环节的技术人员在产品设计及设计质量管理活动中的责、权、利进行合理划分，并以制度形式固定下来，同时规定设计部门的各个组成部分之间、各技术人员之间的关系，设计过程中的联系方式与程序。它是企业技术责任制的一种形式。

（3）试验，指一个经过周密考虑的行动过程，以便解答（析）预先选定的问题或疑难点。在试验设计中，试验的定义是：试验者选定某些因素作为研究对象，有目的地以某种控制方式变动这些因素，然后观察分析这些变动的综合效应。

（4）试验设计。当各因素是在控制的条件下变化时，对试验做合理的设计与计划，使其可以应用数理统计方法以良好的精确度进行科学分析，并结合实际妥善考虑各种试验结果，然后用于指导实际生产。

在产品设计的全过程中履行质量管理，不仅可以降低成本，提高产品质量，更重要的是，可使其以自身的优势在市场竞争中取胜。

关键点提示

产品设计的六个阶段是：

1.规划决策；2.总体方案设计；3.技术设计；4.详细设计与试制；5.小批试制；6.批量投产。

3.4　如何对产品工艺进行管理

工作场景描述

当企业对新旧产品进行工艺管理时，可查看。

解读与分析

工艺管理是指通过工艺准备、工艺分析、工艺设计、工艺装备设计、工艺定额以及对工艺文件的管理来尽可能地消除产品在生产过程中的浪费与不合理，从而提高生产效率。工艺管理工作是制造企业管理工作的基础，只有将基础打好了，企业才能真正实现定置管理和文明生产，走上健康发展的道路。

1.工艺准备

工艺准备按新产品品种，分为全新产品工艺准备和改进型新产品工艺准备；若按新产品试制阶段，则可分为样机试制工艺准备、小批试制工艺准备和批量生产工艺准备三种。对生产批量较小的新产品，则只包括样机试制和小批试制两个阶段的工艺准备。

2.工艺分析

工艺分析是对产品的各道工序流程，以加工、搬运、监察、停滞等符号进行分类记录，并以线相连，来表述产品制造流程的方法。工艺分析过程中，通过对各道工序的作业内容、使用机械、作业时间及搬运距离进行调查记录，可发现产品工艺流程中产生的问题，并进行有效的改善，以消除浪费。常用的工艺分析方法为5W1H法，如表3-2所示。

表3-2　工艺分析5W1H法

项目	问题	改善方向
Why	为什么做?	去除不必要及目的不明确的工作
Where	在什么地方执行?	寻找更合适的位置和布局
When	什么时候做此事?	寻找更合适的时间和顺序
Who	由谁来做?	寻找更合适的人
What	做什么?	简化作业内容
How	如何做?	寻找更好的方法

3.工艺设计

工艺设计的主要任务是为被加工零件选择合理的加工方法和加工顺序，以便能按设计要求生产出合格的成品零件。工艺设计的主要内容包括工艺性审查、编制产品工艺方案、工艺路线设计、工艺过程设计、工序控制设计、工序规程设计及工艺验证。

4.工艺装备设计

要想把新技术变为生产力，工艺方法是软件，工艺装备则为硬件。工艺装备是将无形的技术变成经济批量的生产，将其产业化、商品化的必要硬件设施。

（1）工艺装备设计的依据。

①工艺装备设计任务书（主要依据）和工艺装备明细表。

②产品图纸及有关设计文件。

③工艺规程文件，主要是作业指导书和工人自检指导卡。

④工艺装备设计手册。

⑤与工艺装备及其设计有关的各种标准。

⑥本企业设备的有关资料。

⑦国内外典型工艺装备图样及有关资料。

⑧本企业同类产品同类工艺装备的图样和设计资料。

（2）工艺装备设计的原则。

①工艺装备的先进性与使用上的现实性。

②工艺装备设计的可靠性与经济上的继承性。

③工艺装备设计的创造性与科学合理性。

④工艺装备设计的理论性与实践性。

⑤工艺装备使用的安全性。

⑥工艺装备设计的标准化原则。

在工艺装备设计原则的指导下，依据所提供的各种文件与资料，工艺装备设计的内容主要包括工艺装备图样设计与工艺装备标准化。

（3）工艺装备图样设计。

①总图和部件装配图的设计，即整个产品结构图与组成产品各部件的装配位置、顺序、步骤等相关说明的图纸的设计。其作用是指导产品组装。

②零件图的设计，即组成产品的各个零件的结构图。其作用是指导各工序的操作，直接指导零件的生产制造。

③表格图的设计，即建立上述图纸的编制格式标准以及与生产有关的各种工艺文件的格式标准，以便进行统一管理。

④编号技术要求，即建立统一的图纸编号标准，以便追踪管理。

（4）工艺装备标准化。

工艺装备标准化包括两方面的内容：一方面是针对产品生产的标准化，即夹具、模具设计标准化；一方面是针对作业操作的标准化，即量具、刀具设计标准化。

5.工艺定额

企业通过对劳动消耗和材料消耗进行定额管理，一方面可督促工人按定额操作，提高工人劳动生产率，另一方面，可严格控制生产过程中材料的消耗，以减少浪费。

（1）劳动消耗工艺定额。

①实行定额的范围：凡能计算考核工作量的工种和岗位，均应制订劳动消耗工艺定额。

②实行定额的依据：产品图样和部件装配图，工艺规程文件，企业生产类型及产品计划批量，定额标准和企业同类产品及其零部件的劳动消耗工艺定额实际资料。

③制订定额的要求：所制订的定额应该先进合理，达到平均先进水平；制订定额时应注意横向（企业内）及纵向（同类产品不同企业等）的综合平衡，防止产生不合理差异。

④制订定额的方法：常用的方法主要包括经验估计法、统计分析法、类推比较法和技术测定法。

（2）材料消耗工艺定额。

①实行定额的范围：构成产品的原材料（含外购件），产品生产过程中所需的辅助材料。

②制订定额的依据：具有净重的产品零部件图纸和零部件明细表，产品工艺规程文件，产品所需各种材料标准、加工余量标准和下料公差标准等技术资料。

③制订定额的原则：所制订的定额应该先进合理，具有可行性，达到平均先进水平；所制订的定额应能够促使材料节约；针对各种原材料、辅助材料制订的定额应在其供应商供应能力范围内，即具有供应可实现性。

④制订定额的方法：主要方法包括技术计算法、实际测量法和经验统计法。

6.工艺文件管理

要对工艺文件进行管理，使其具有条理性、可追溯性，以方便查询，指导生产工作。

（1）工艺文件的分类。根据文件性质及其作用，工艺文件分为管理性工艺文件和操作性工艺文件。

①管理性工艺文件包括：各种工艺文件的目次，产品设计工艺性审查记录与报告，产品工艺方案，产品或零部件工艺路线表或车间分工明细表、外协件明细表，工艺过程卡片（或工艺流程表）和装配工艺流程图，专用工艺装备明细表和专用工艺装备设计任务书，材料消耗工艺定额和劳动消耗工艺定额明细表及汇总表，工艺或工艺装备验证记录（书）和工艺技术总结。

②操作性工艺文件包括：工艺过程卡或工艺流程表，装配工艺流程图，工艺卡片、作业指导书或工序卡片，自检指导卡（自检表），专用工装图样、技术要求和专用工装使用说明书。

（2）工艺文件的管理。各种工艺图纸在企业内的使用涉及多个员工、多个部门，所以要对原始的工艺图纸（底图）进行加工，复制成多份（蓝图），以便使用。对工艺文件的管理就包括对底图的管理和对蓝图的管理，另外，还包括对图纸使用部门的文件流程（如图纸领取记录、借阅记录等）的管理。

工艺管理是提高产品质量的重要因素，对于提高劳动生产率、降低消耗、节约能源、把科技成果转化为产品等都有着十分重要的作用。企业应该加强工艺管理，严格工艺纪律，提高工艺技术水平，使产品制造过程始终处在受控状态，达到生产优质低耗的产品、高效率生产、高效益收入等三个目的。这样，企业就可以在激烈的市场竞争中开辟市场并立于不败之地。

关键点提示

产品工艺管理的内容包括：

1.工艺准备；2.工艺分析；3.工艺设计；4.工艺装备设计；5.工艺定额；6.工艺文件管理。

3.5　如何对产品工序进行管理

工作场景描述

当企业产品工序管理不当，出现大量浪费时，可查看。

解读与分析

任何工作开始之前最重要的是要抱有鲜明的目的，这样才能在工作中明确方向，达到目标。因此要明确工序管理的目的是尽可能保证产品生产的各环节达到质量要求，从而提高产品质量。

1.工序能力分析

工序能力分析，就是考虑工序所用设备、工艺、材料、测量工具与测量方法，工序中人的操作以及环境对工序质量指标要求的适合程度。工序能力分析是质量管理的一项重要的技术基础工作。它有助于管理者掌握各道工序的质量保证能力，为产品设计，工艺、工装设计，设备的维修、调整、更新和改造提供必要的依据。

（1）工序能力。工序能力是指稳定、标准状态下工序的实际加工能力。工序处于稳定状态，是指工序的分布状态不随时间的变化而变化，或称工序处于受控状态；工序处于标准状态，是指设备、材料、工艺、环境、测量均处于标准作业条件，人员的操作也是正确的；工序的实际加工能力是指工序质量特性的分散（或波动）程度有多大，加工能力强弱的区分关键是质量特性的分布范围大小或集中程度。

工序能力的影响因素如下。

①人，与工序直接有关的操作人员、辅助人员的质量意识和操作技术水平。

②设备，包括设备的精度、工艺装备的精度及其合理性、刀具参数的合理性等。

③材料，包括原材料、半成品、外协件的质量及其适用性。

④工艺，包括工艺方法及规范、操作规程的合理性。

⑤测量，包括测量方法及测量精度的适应性。

⑥环境，包括生产环境及劳动条件的适应性。

工序能力是保证和提高产品质量的重要因素，了解和掌握工序能力是控制产品质量的必要手段。了解和掌握工序能力的活动称为工序能力调查。

（2）工艺验证。工艺验证就是通过工艺实施，验证设计的可行性和合理性。它是联系设计和制造的纽带。在工艺验证中，通过工序能力调查，可以达到以下目的。

①选择既可实现设计质量，又经济合理的设备、工艺、原料与技术。

②确认适宜的工序能力，并确定与之相适应的工艺规程、技术标准、作业指导书及管理对象与方法等。

③对设计的合理性进行验证，并提出修改设计的依据。

（3）工艺诊断。出现工序质量水平需要提高、生产过程不稳定以及工序质量水平显著下降等情况后，都必须进行工序能力调查。它可为工艺诊断提供可靠的资料和依据。

（4）技术经济分析。如对比不同加工过程的工序能力、质量水平和经济性，从适宜的工序能力出发，确定经济合理的设备维修与保养标准，为技术改造、设备更新提供经济合理的工序能力依据等。

（5）对比分析。对比分析用于设备鉴定、调试，工艺方法、操作方法对比以及技术考核等，为进行工序控制，确定检查方式、产品说明书和质量体系等提供参考资料。

2.工序控制

工序控制用以分析和控制工序质量，包括整个生产过程中直接对材料、零件、部件及装配件的质量进行控制。

（1）工序控制的内容。

①工序质量分析。

②工序控制流程。

③工艺纪律的贯彻。

④质量效果的审核。

（2）工序控制的分析方法。

工序控制分析对工序控制活动中所实施的各种技术手段，所产生的数据、结果等进行分析，及时发现生产过程中出现的问题，为企业高层管理者进行工序调整、技术更新、设备改造和人员安排等提供参考依据，以达到提高工序能力、工序流程效率、产品质量的目的。工序控制分析的内容如表3-3所示。

表3-3　工序控制分析的目的与内容

分析的目的	分析的内容
确定工序能力	①机器和工序能力分析； ②工序可靠性、成熟程度分析； ③检测手段、能力与再现性分析
确定对计划值的符合程度	①试生产结果分析； ②进厂材料试验、检验和实验室分析； ③质量保证检验； ④非破坏性检验与评价； ⑤产品试验； ⑥筛选检验
确定波动的原因	①工序波动分析； ②质量成本变动情况分析
识别不合格的原因	①试验数据分析； ②废品和返工分析； ③现场投诉分析

在产品制造过程中，工序是保证产品质量的最基本环节。工序管理就是在产品零件加工、部件装配过程中，对人、设备、材料、工艺、工具和环境等进行综合分析与管理，使工序能力发挥到最大，并通过产品在生产加工过程中的质量保证措施来提高产品质量。

关键点提示

对产品工序的管理包括：

1.工序能力分析；2.工序控制。

3.6 如何控制生产工序质量

工作场景描述

当企业要掌握生产工序质量的控制过程和方法时，可查看。

解读与分析

工序是产品制造过程的基本环节。工序一般包括加工、检验、搬运、停留四个环节。

工序质量是指产品制造过程的质量。工序质量反映了操作者、设备、材料、方法、检测和环境因素对产品质量所起作用的综合效果。工序质量控制就是为把工序质量的波动限制在要求界限内所进行的质量控制活动。在实施生产工序质量控制时，可以按照以下步骤进行。

1.确定工序质量控制点

工序质量控制点是指产品生产过程中必须重点控制的质量特性、关键部位、薄弱环节和主导因素。

（1）根据设计部门所提供的产品质量特性重要性分级，明确要控制的产品质量特性值。

（2）对明确要控制的产品质量特性值，确定其质量形成过程，绘制必要的工艺流程图。按照确定工序质量控制点的原则，确定工序质量控制点，并编制必要的明细表。

（3）对确定了的工序质量控制点进行工序能力调查。

对工序质量控制点所用的设备、工艺装备进行事先评估、鉴定，并做好点检、维护保养工作。在工序质量控制点处作业的员工必须经过培训，考核合格后持证上岗，还要规定对工序质量控制点进行连续监控的方法和要求，按规定实施监控，并做好各类监控记录。

2.操作人员控制

造成操作误差的主要原因有：操作人员质量意识差；操作时粗心大意；不遵守操作规

程；操作技能低，技术不熟练，以及由于工作简单重复而产生厌烦情绪等。控制措施包括以下几点。

（1）对操作人员加强“质量第一、用户第一、下道工序是用户”的质量意识教育，建立健全质量责任制。

（2）编写明确详细的操作规程，对操作人员加强工序专业培训，考试合格者颁发操作合格证。

（3）加强检验工作，适当增加检验的频次。

（4）调整通过工种间的人员、丰富工作经验等方法，消除操作人员的厌烦情绪。

（5）广泛开展QC小组活动，促进操作人员自我提高。

3.机器设备控制

加强机器设备的维护和保养，定期检测机器设备的精度和性能，并建立机器设备关键部位日点检制度，对工序质量控制点处的机器设备进行重点控制。

（1）采用首件检验方式，核实定位或定量装置的调整量。

（2）尽可能配置定位数据的自动显示和自动记录装置，以减少对员工调整工作可靠性的依赖。

4.材料控制

（1）在原材料采购合同中明确规定质量要求。

（2）加强原材料的进厂检验、厂内自制零部件的工序和成品检验。

（3）合理选择供应商（包括外协厂）。

（4）搞好协作厂商间的协作关系，督促、帮助供应商做好质量控制和质量保证工作。

5.工艺方法控制

（1）保证定位装置的准确性，严格进行首件检验，并保证定位中心准确，防止加工特性值数据分布中心偏离规格中心。

（2）对操作人员加强业务培训，使操作人员熟悉定位装置的安装和调整方法，尽可能配置显示定位数据的装置。

（3）督促有关部门加强刀具的刃磨和管理，实行强制更换制度。

（4）积极推行控制图管理，以便及时采取措施加以调整。

（5）严肃工艺纪律，对贯彻执行操作规程情况进行检查和监督。

（6）督促有关部门加强工艺装备管理，切实做好工艺装备的周期性检查和校准工作。

6.测量控制

（1）选择适用的、具有所需准确度和精密度的测量和试验设备。

（2）安排有关人员定期对所有测量和试验设备进行状态确认、校准和调整。

（3）规定必要的校准规程。其内容包括设备类型、编号、所在地点，校验周期，校验方法，验收标准以及发生问题时应采取的处理措施。

（4）保存校准记录。当发现测量和试验设备未处于校准状态时，应立即评定以前的测量和试验结果的有效性，并记入有关文件。

7.环境因素控制

环境因素一般指生产现场的温度、湿度、噪音干扰、振动、照明、室内净化和现场污染程度等。在确保环境条件满足产品的特殊要求外，企业还要做好现场的管理、整顿和清扫工作，大力搞好文明生产，为持久地生产优质产品创造条件。

工序的生产过程就是操作者、机器设备、材料、工艺方法、测量和环境六大因素，在特定条件下相互结合、相互作用的过程。因此，进行工序质量控制对企业的整个生产作业活动都是非常重要的。

关键点提示

生产工序质量控制的步骤包括：

1.确定工序质量控制点；2.操作人员控制；3.机器设备控制；4.材料控制；5.工艺方法控制；6.测量控制；7.环境因素控制。

3.7　如何进行工序能力控制

工作场景描述

当企业要进行工序能力控制，改善工序的实际加工能力时，可查看。

解读与分析

工序能力是指工序处于控制状态下的实际加工能力，它是工序固有的能力，对于产品的质量影响很大。企业应计算工序能力指数，合理设置生产工序，具体做法如下。

1.计算工序能力指数

在计算工序能力指数时，如果检测数据较多，可以近似用样本均值X和样本标准差S来代替。工序是操作者、机器、原材料、工艺方法和生产环境等五个基本质量因素综合作用的过程，也就是产品质量的产生过程。

工序能力指数是表示工序能力满足工序质量标准（公差、工序质量规格）要求程度的量值，是指过程结果满足质量要求的程度。

工序能力指数的表达式为：

$$C_p=\frac{\text{公差范围}}{\text{总体标准差}}=\frac{T}{B}=\frac{T}{6\sigma}$$

式中，T为公差范围；σ为标准差；B为总体标准差。

计算工序能力指数是在工序质量特性值服从正态分布，即$X\sim N(\mu,\sigma^2)$，工序处于受控状态下进行的。

正态分布表达式中，μ为总体均值，σ为总体标准差。

（1）计算工序中心无偏移时的工序能力指数。

$$C_p=\frac{T}{6\sigma}=\frac{T_U-T_L}{6s}$$

式中，T为公差范围（$T=T_U-T_L$）；T_U为公差上限；T_L为公差下限。

样本均值（工序分布中心）为：

$$M=\frac{T_U-T_L}{2}$$

（2）计算工序中心有偏移时的工序能力指数。

在工序中心存在偏移的情况下，工序能力指数用C_{pk}表示。计算偏移量ε和偏移系数k，公式如下：

$$\varepsilon=|M-\bar{x}|$$

$$k-\frac{\varepsilon}{T/2}$$

则有：

$$C_{pk}=(1-k)C_p=\frac{T-2\varepsilon}{6s}$$

式中，ε为分布中心与公差中心的绝对偏移量；k为分布中心与公差中心的相对偏移量；s为样本标准差。

一般情况有：$|\varepsilon|\leqslant T/2$，$k\leqslant 1$，$C_{PK}\leqslant C_P$。

2.分析工序能力指数

在得出工序能力指数之后，应对该结果进行分析，并针对不同等级工序能力采取不同处置对策，以确保适宜工序能力。

（1）$C_p>1.67$，工序能力过高。处置对策如下。

①提高产品质量要求。

②放宽波动幅度，可采取降低成本或提高工效的方法。

③降低设备、工艺装备精度要求。

④简化质量检验工作。

（2）$1.33<C_p\leqslant 1.67$，工序能力充分。处置对策如下。

①对非关键工序的质量特性，应放宽波动幅度。

②适当简化质量检验工作。

（3）$1<C_p\leqslant1.33$，工序能力尚可。处置对策如下。

①加强工序控制，维持工序生产条件，监督工序过程，及时发现异常波动。

②对产品按正常规定进行检验，必要时可考虑更加严格地检查。

③C_p值接近1时，出现不合格品的可能性增大，应对影响工序的主要因素严加控制。

（4）$0.67<C_p\leqslant1$，工序能力不足。处置对策如下。

①分析工序能力不足的原因，通过PDCA循环制订改进措施。

②在不影响最终产品性能和增加装配难度的情况下，适当放大公差范围。

③实行全数检验，或进行分级筛选，剔除不合格品。

（5）$C_p\leqslant0.67$，工序能力严重不足。

①停止加工，找出原因，采取措施，改进工艺。

②必须进行全数检验，剔出不合格品。

3.改善工序能力

（1）调整工序加工的分布中心，减少中心偏移量ε。

①通过收集数据，进行统计分析，找出大量连续生产过程中由于工具磨损、加工条件变化而产生偏移的规律，及时进行中心调整，或采取设备自动补偿偏移或刀具自动调整和补偿等措施。

②根据中心偏移量，通过进行首件检验，调整设备、刀具等的加工定位装置。最后，应配置更为精确的量规，由量规检验改为量值检验或采用高一等级的量具检测。

（2）修订公差范围。修订公差范围，其前提条件是放宽公差范围不会影响产品质量。在放宽公差范围不会影响产品质量这个前提下，可对不切实际的过高的公差要求进行修订，以提高工序能力。

（3）控制关键工序。关键工序是如下工序。

①形成、满足关键、重要等零件的关键尺寸、技术要求的工序。

②对下道工序的质量有重大影响的工序。

③加工周期长，原材料贵重，一旦出现问题损失大的工序。

凡属关键工序，选定后要建立质量控制点，并按质量控制点的要求进行管理。

总之，工序能力代表着产品加工能力，直接影响着产品的质量，因此企业应准确地计算工序能力，并根据计算结果做出合理的处置。

关键点提示

进行工序能力控制的内容包括：

1.计算工序能力指数；2.分析工序能力指数；3.改善工序能力。

3.8 如何实施半成品制程控制

工作场景描述

当企业要掌握半成品制程控制过程时，可查看。

解读与分析

制程控制又称IPQC（Input Process Quality Control），是指从物料投入生产到产品最终包装过程的品质控制。IPQC能够在产品的早期加工阶段发现不合格产品，避免在以后的不合格产品上浪费资源。在实施半成品制程控制时要做好以下工作。

1.明确IPQC的控制范围

IPQC的控制环节为物料入库后至半成品入库前，主要为半成品制造现场各部门的品质控制。

2.设置控制点

控制点设在何处，主要考虑该在制品不稳定因素。

（1）该在制品以前生产有异常，有较高不良品率的记录。

（2）使用的生产设备不稳定。

（3）工艺装备有不良情况。

（4）得到了IPQC对不良物料的信息反馈。

（5）新员工操作。

（6）新产品、新材料、新设备的投入。

3.确定IPQC的作业步骤

（1）进行首件检验。在每款产品、每台机器正式生产前，要检验作业员送检的首件产品，并将检验结果记录于制程首件检验记录表中。

（2）核对生产资料。在每款产品、每台机器正式生产时，应对领用的物料、设备状态、使用的工模具、作业指导书的版本进行核对。

（3）实施IPQC巡检。

①巡检频率。在进行IPQC巡检时，要不间断地按机台、工位逐次巡检。在生产高峰期，应保持每1~1.5小时巡检一次。在特殊时间，可向有关部门申请人员援助，以保证巡检密度。

②按产品质量标准检验。

a.外观检验：目视、手感及参照生产样板验证。

b.尺寸：运用量具检测。

c.功能特性：可用检测仪器进行验证，必要时可取样交由工程师做试验。

d.机器运行参数：将实际参数与产品工艺指导单上的数据进行对比。

e.产品物料摆放：检查产品、物料、边角废料、不合格品是否摆放在规定的区域。

f.环境：检查环境是否清洁，是否有产品、物料散落在地面上。

g.员工作业方法：员工是否按规定制度操作机器，更换所生产的产品时是否通知相关人员到场验证（包括修机、修模、换料）。

h.检查物料、产品、机器标识状态。

要制作IPQC巡检记录。在每次检验后，要将检验结果如实记录在IPQC巡检记录表上。

（4）质量异常的反馈与处理。在巡检过程中，若发现有质量异常现象，做如下处理。

①自己可判定时，填制IPQC检验问题报告，经主管审核签名后，交生产部进行改善。

②若自己不能判定，则将不良品样品交主管确认后，制单交生产部进行改善。

③对生产部回复的改善措施进行确认，并追踪改善效果。

④对产生的不合格品进行隔离、标识。

⑤将已改善的IPQC检验问题报告的“品检联”交品质部。

总之，进行IPQC检验时应该具体规定检验项目、检验方法和检验频率，如果在检验中发现不合格产品，那么在转入下一道工序之前必须对其进行处理，以保证最终产品质量。

关键点提示

进行半成品制程控制时要做好以下工作：

1.明确IPQC的控制范围；2.设置控制点；3.确定IPQC的作业步骤。

3.9 如何实施产品装配与包装制程控制

工作场景描述

当企业要对产品装配与包装制程进行控制时，可查看。

解读与分析

产品的装配和包装是产品生产的最后环节，对它进行制程控制将使产品的装配和包装工作顺利进行。产品装配与包装制程控制可简写为FQA。产品装配与包装制程控制的实施过程如下。

1.设置控制点

FQA同FQC一样，都属于定点检验，其控制点均设在关键工序和产品终端处。

2.确定FQA作业内容

（1）确定检验批的构成。

（2）确定抽样类型。

（3）确定AQL值。

（4）明确检验项目与验证方法。

（5）不合格品的处理。

（6）验货记录。

3.确定FQA检验项目

（1）待装产品的验证，包括外观、尺寸、结构、功能、特性等方面。

（2）纸箱、标签的验证。

（3）成品的验证。

（4）包装效果的验证。

（5）纸箱标记的填制情况。

（6）成品装箱数量。

4.确定FQA作业程序

（1）检验前的准备工作。

①检验前，要求装配部将所有产品成品整齐摆放于生产线头或尾。对于产品批量不足四箱的，等该批产品全部生产完成后检验；对于产品批量大于或等于四箱的，须待生产够四箱产品后挂上“待检品”牌。

②对挂有“待检品”牌的成品进行检验。

（2）检验。

①依据工单、产品BOM等检验资料，首先核对产品货号、装箱数量和标签等，若发现实际情况与资料不符，立即通知相关人员，并要求及时更正。

②根据MIL—STD—105Ⅱ标准抽样，依照FQA检验标准样板及其他相关资料，对产品的外观、性能、包装进行全面检验。

③根据AQL主要缺陷为2.5、次要缺陷为4.0以及样品检验的内容和结果对每批成品质量做出判定。合格：在箱盖旁加盖“QA PASSED”印，并挂上“合格品”牌，然后通知装配部搬运、封箱；不合格：填写成品检验报告，并选出具有代表性的不良样品，根据最终判定结果做出偏差接收决定或按合格品处理。

（3）返工。填写返工通知单，经QA部的主管审核后，交装配部的主管签名认可，装配部按返工程序执行返工，负责跟踪返工过程，对于返工后的成品，按检验程序重检，直至合格。

（4）存档。检验过程当中的一切报告、报表及单据由QA进行编号存档，作为质量记录，以供查阅。

在进行产品装配与包装制程控制时，要明确其目的、内容和方法，这样才能达到预期的目的。

关键点提示

产品装配与包装制程控制的过程包括：

1.设置控制点；2.确定FQA作业内容；3.确定FQA检验项目；4.确定FQA作业程序。

3.10 如何进行样品质量控制

工作场景描述

当企业对采购、外发加工样品和客户样品进行质量控制时，可查看。

解读与分析

在企业生产中，采购、外发加工和客户送样这几个环节需要对样品质量进行控制。在进行样品质量控制时要掌握以下内容。

1.采购、外发加工样品质量控制

（1）明确采购、外发加工样品的定义。采购样品是在采购行为发生前，向新供应商随采购单送递的采购物料的样品，用以明确对采购物料的质量要求；外发加工样品是产品或物料外发加工制作时，随外发加工制作单一起递交给外发厂商的样品，用以明确加工质量要求。

（2）确定样品质量控制的程序。

①样品申请。采购或外发加工部门因为作业要求，需要样品时，可根据采购、外发加工资料，填制样品制作申请单，注明所需样品的品名、规格、颜色、数量、需求日期等内容，经部门主管审批后，交工程部或其他相关部门安排生产和制作。

②样品制作与检验。采购/外发加工部门将样品制作申请单交样品制作部门（QE部、工程部或制作现场）。样品制作部门根据样品需求性质决定样品制作方式。样品制作完成后，由QE工程师测试，签认后方可转到下一道工序。QE工程师要对样品的外观、规格、颜色、材质是否符合质量要求进行确认。如该样品是新样品，QE工程师在签认后还需交QE部主管、工程部或相关部门再确认。

③样品验收。样品经测试合格后，制作部门将样品连同样品制作申请单一起递交申请部门。申请部门核对样品是否齐全，样品单上是否有品管部门“PASSED”印章，如无误，则签收并核对样品单。

2.客户样品质量控制

（1）明确客户样品的定义。客户在正式下单前，供方应客户的要求，提供给客户进行品质验证的产品即客户样品。得到客户的确认后，此样品就可作为客户下单后生产的依据。

（2）确定客户样品质量控制程序。

①开立样品制作单。业务人员按客户的要求开立样品制作单，经部门经理签核后由工程部按要求制作，并填写送样记录表。

②工程部按样品制作单的要求进行制作，开具产品物料清单，交物料部查核物料。如有物料欠缺，要及时填写物料请购单，交采购部门采购。

③工程部将制作完成的样品及承认书交予业务部，由业务部送交客户确认。客户确认合格后，会签订承认书或下达订单表示接受。如客户确认不合格，由业务部通知工程部重新制作。

④工程部对客户已接受的样品的送样资料进行整理，并依客户类别将送样资料及技术文件归档。

⑤客户下达订单后，由工程部提供相关资料及样品，作为生产部、品管部生产、检

验的依据。

总之，样品可以作为企业所需物料的质量标准，也可以代表对外发加工产品的质量要求，还可以作为客户下订单前的评价依据，对企业的生产经营活动影响很大，因此企业要加强对各种样品的质量控制。

关键点提示

进行样品质量控制时要掌握以下内容：

1.采购、外发加工样品质量控制；2.客户样品质量控制。

3.11 如何进行服务质量控制

工作场景描述

当企业准备进行服务质量控制，提高服务质量时，可查看。

解读与分析

服务质量是指以服务固有的特性满足客户要求和其他相关要求的能力。

现代市场营销观念以客户为导向，追求客户的满意度。由此，质量控制不应只限于有形产品的质量控制，同样也应关注无形产品——服务的质量控制。企业进行服务质量控制时要了解以下内容。

1.了解服务的特征

服务主要有以下几个特征。

（1）无形性。

（2）差异性。

（3）不可储存性。

（4）不是实物，而是一种活动或过程。

2.实施服务过程的质量控制

服务过程的质量控制包括以下内容。

（1）服务市场研发的质量控制。服务市场研发的职责是确定和提高对服务的需求与要求，一般包括下列内容。

①确认和测量各种市场。

②分析各种市场的特征，包括客户对各种服务的需求，理想的服务特征，各种服务的功能，客户寻找服务的方法，客户的态度与活动，市场占有率、竞争状况及竞争趋势等内容。

③估计各种市场成长或衰退的基本动力、新竞争性服务业的类型、客观环境（社会、经济、科技、政治等）变迁的内容。

④确认、衡量以及分析该项服务的各个构成要素。

对服务市场研发进行品质控制时，首先要求做到识别服务市场研发过程中对服务质量和客户满意度有重要影响的关键活动，然后对这些关键活动进行分析，明确其质量特性，最后针对所选出的质量特性规定评价的方法，通过对其进行测量和控制来保证服务质量。

（2）服务设计的质量控制。

服务设计是决定服务质量的主要因素，服务设计包括如下内容。

①环境。客户往往对有形的服务环境首先产生印象。对客户而言，有形环境，如办公设备、技术系统等，可体现出服务的质量。高质量的有形环境与无形环境对员工和客而言户都是重要的，它们传递着无形服务的线索和信息，是服务质量体系的组成部分。

②组织结构。服务的组织和管理部门必须和服务体系的其他要素相配合，通过清晰定义服务概念、授权和责任分配，确保在受控和自由之间达成平衡，这种平衡对于员工处理重要事件的能力而言是至关重要的，还要确保组织内的非正式结构（如质量项目组）和员工所在部门之间自动协调。

③企业员工。客户感觉到的服务质量很大程度上取决于他们对企业员工素质的评价。对一些客户而言，单个的员工在本质上就代表了服务。员工不仅仅是一种“资

源”，而且是服务的基本组成部分，是服务质量的决定性因素。服务设计不仅仅根据服务质量体系和服务过程对员工有详细的要求，还必须考虑个人怎样才可以对服务设计产生帮助。

④客户。服务设计应考虑到客户在服务的不同时间的作用，他们与服务质量体系中其他要素以及其他客户接触的方式。服务质量体系需要仔细设计，以便能被初次使用者理解。服务客户在很大程度上是客户和不同要素的互作用的结果。

（3）服务供给过程质量控制。

服务供给过程是服务企业提供给消费者服务的过程。服务供给过程的质量控制内容主要包括如下方面。

①服务供应方评定。服务企业作为服务的供应方，要保证服务供给过程的质量，这就要调查员工的服务行为是否遵守企业已规定的服务供给规范，监督员工的服务行为，使其符合服务供给规范。

②客户评定。客户评定是对企业服务质量的基本测量，但很少有客户愿意主动提供自己对企业服务质量的评定，不满的客户总是在不预先给出允许采取纠正措施的信息前就停止使用或消费服务。

对客户满意度方面的评定和测量，应集中在服务提要、服务规范、服务供给过程满足客户需要的范围内。服务企业经常以为提供的是优质服务，但客户可能对此并不满意，这表明服务规范、过程或测量中可能存在缺陷。

③弥补不合格服务。没有任何服务质量体系能绝对保证所有的服务都是可靠的、无缺陷的，不合格服务在服务企业中总是不可避免的。识别和报告不合格服务是服务企业内每个员工的义务和责任。企业应规定员工对不合格服务进门纠正的职责和权限，尽早识别潜在的不合格服务。

企业针对不合格服务的补救应有两个阶段。

第一阶段，识别不合格服务。要想识别不合格服务，成功地将服务中的问题揭示出来，就必须建立一个有效的系统来监测客户的投诉，进行客户研究、监测及记录服务过程中的工作状况。服务过程质量控制涉及服务企业中的每一个人，各种服务质量控制制度应能发掘服务质量缺陷及改进服务质量，并有助于企业员工改善服务工作。以机器代替人力，应有助于质量控制。

第二阶段，处理不合格服务。在客户看来，企业不能积极地处理不合格服务往往比出现基本的服务问题更为严重。客户很可能会发现一些基本的服务问题，并将它作为不可避免的事情来对待，但服务企业若不能解决已经暴露的不合格服务，则客户往往更加不能容忍。因此，企业要采取积极的措施，以满足客户的要求。

总之，服务越来越成为企业进行市场竞争的重要砝码，客户也越来越重视服务的品质，因此企业应加强服务质量控制，以吸引和留住更多的客户。

关键点提示

服务质量控制包括以下内容：

1.了解服务的特征；2.实施服务过程的质量控制。

3.12 如何进行全面质量管理

工作场景描述

当企业需要实施全面质量管理时，可查看。

解读与分析

所谓全面质量管理，是以质量为中心，以全员参与为基础，旨在通过让客户和所有其他相关方受益而取得长期成功的一种管理方式。全面质量管理是一种以人为本的管理形式，其目的是降低产品的成本，增加客户的满意度。全面质量管理是一种总体系统管理方法，其管理过程涉及组织、从高层到基层的所有员工，并向前和向后扩展至包括供应链与客户链在内。全面质量管理强调组织和员工不断学习并适应持续不断的变化，最终实现企业整体成功。

全面质量管理注重强调个人与社会行动力量的价值。有多少种行业，就有多少种不同的全面质量管理方法，但是它们有共同的基本要素。

1.以客户为关注点

客户是产品质量的鉴定人。企业在倾听客户意见、测评客户对竞争对手的满意度及同客户建立良好关系时，了解客户眼前和未来的需求并与不断变化的市场保持同步，都需要有高质量的产品做保证。客户需求必须与企业的战略计划、产品设计、程序改进和员工培训等活动紧密结合。要想创造满意客户，就要激发并有效地满足他们的需求和愿望，还要同客户建立并保持良好关系。商业上的成功只能通过了解并满足客户需求来实现。从全面质量管理的角度考虑，企业的所有战略决定都是客户驱动的。

2.流程取向

流程是指一个或一系列连续、有规律的行动，这些行动以确定的方式发生，导致特定结果的出现。企业在生产过程中应主要考虑：将涉及经营活动的各项投入（如原料、资本、设备、人员）转换为输出（如产品与服务）。生产流程的常见类型包括加工、合成、装配、填写订单或者审批货款。几乎企业内部的每项主要活动均涉及跨越传统组织界限的流程。

3.持续改进与学习

持续改进与学习是所有系统与流程管理的一部分。企业要想达到最高的经营层次，需要有一种说明详细、便于执行的方法，以实现持续改进与持续学习。

改进与学习应当渗透到企业经营全过程中。这就意味着改进与学习应该成为企业日常工作的一部分，应当力图在根源上消除问题。机会与问题均可促使企业不断进步。改进有以下几种类型。

（1）改进产品与服务。确定客户需求时需进行详尽的调查，并且这些需求必须在产品设计与服务中加以反映。客户需求具体涉及以下三种因素。

①不满因素——这类因素本身体现在特定产品或服务中。这类因素通常不是由客户提出的，而是固有的。如果产品或服务中不包含这类因素，客户将不满意。

②满意因素——这类因素涉及客户表达的需要。满足这类需要就会使客户满意。

③愉悦/兴奋因素——这类因素涉及客户预想不到的产品新性能或创新特性。防爆炸装置及安全气囊就是满足客户愉悦/兴奋需求的例子。

企业必须不断创新，不断研究客户心理，以满足他们的需求。

（2）改进工作流程。高质量来自设计优良、便于执行的工作流程与管理系统。工作流程的改进会减少废品和次品的出现次数，从而降低生产成本。

（3）改进柔性、响应时间。这包括快速地由一种产品转向另一种产品的生产，对不断变化的客户需求做出迅速反应，或者是提供以客户为本的服务的能力。柔性需要一些特殊策略：模块设计、通用部件、生产线共享和员工的专业培训，还包括外购、与主要供应商的协议及创新的合伙协议，等等。

改进柔性的一个重要手段是缩短生产周期。缩短生产周期有两个作用：一是它能够加速工作进程，以提高回复客户的速度；二是它只需通过简化流程、消除类似重复劳动的非增值步骤来完成。这就通过减少潜在错误或失误，促进了产品质量的改进。同时，减少非增值步骤也降低了生产成本。

学习是指通过实践与结果间的反馈了解变化成功的原因，并引导至新的目标和方法。一个学习周期有四个阶段：计划，执行计划，评价计划的进展状况，根据评价结果修正计划。

测评主要为评价工作流程、产品、经营效益提供了重要的数据与信息。如果有不但符合项目趋势，而且能够推断出因果关系的合理分析方法作支持，那么测评就可以为学习、引导客户、运营结果及财务结果提供客观基础。

4.授权与团队合作

企业的成功越来越依赖于组织成员的知识结构、工作技能及工作主动性。员工的自我实现越来越依赖于能否获得学习与实践新技能的机会。这两点均由授权与团队合作来实现。授权即给予员工权力——他们可做出他们认为合理的决定，在本职工作范围内承担错误风险，从错误中吸取教训，促进自我完善。团队合作大致可分为以下三种。

（1）纵向团队合作——高层管理者与基层员工之间。每位员工都应参与质量改进工作。在任何组织中，从事某项工作的人都应是对该工作最熟悉并知道如何改进该项工作的人。

员工需要工作技能，如了解与解决质量问题能力方面的培训。一线员工需要拥有倾听客户诉说的技巧；制造工人需要拥有技术开发的特定技能；所有员工都需要理解如何运用测评方法，以获得工作的持续改进。培训会让所有员工基本上理解质量管理目标、方法，由此实现目标并运用方法。培训开始阶段应让接受培训者了解质量管理原理，然后让他们掌握有关质量改进的技能。培训应通过在职学习实践、参与及授权予以加强。

（2）横向团队合作——每个部门内部与职能交叉部门之间。问题解决与流程改造最好由职能交叉的工作团队执行。例如，产品开发小组应当包括设计人员、制造人员、供应商、销售人员及客户。

（3）合作伙伴关系——组织间合作伙伴关系，如与供应商及客户之间的伙伴关系。合作伙伴关系包括内部关系与外部关系。企业应当为实现共同利益、追求更大利益寻求建立合作伙伴关系。合作伙伴关系涉及改进人员劳动管理合作，比如与有利于帮助员工发展的机构签订协议，进行交叉培训或建立新工作机构等。企业不仅仅应向供应商规定订购零部件的相关规范，还应该进一步利用供应商的制造能力，与之合作制订零部件规范。

内部合作伙伴关系要求在企业各部门中建立网络关系，改进柔性、响应及信息共享渠道。外部合作伙伴关系是指企业与供应商、客户或教育机构建立的合作伙伴关系。合作伙伴关系允许企业核心力量与辅助力量、合作伙伴的力量相融合。

5.以事实为管理依据

企业通过工作实时测评掌握生产经营现状，根据事实进行管理。企业需要进行工作测评的原因有以下三点。

①以特定方向指导整个组织，也就是促使战略与组织变革。

②通过评价行动计划的有效性，向所确定的特定方向转移资源。

③执行所确定的流程，使整个企业有效运作并持续改进。

信息与数据在企业的各个层面上为工作测评提供分析支持。信息类型、信息如何分布以及信息如何与企业各层面相一致，对测评工作能否取得成功均非常重要。

（1）工作层面。

①数据提供实时信息，以便识别由系统（异常）原因所引起的工作目标偏差，确认根本原因并在需要时采取正确行动。

②数据提供需要准确便捷的通信渠道，包括公告牌、电子化质量报告和数据输出报

告，以提供有关正在进行的事件及其所处状态的及时信息。

（2）组织层面。在组织层面上，有从企业方方面面传来的质量及经营业绩数据，还有相关的财务、市场、人事及供应商数据，这些组成了企业制订战略计划及决策的基础数据。

（3）经营业绩层面。经营业绩层面的数据，诸如产量、生产周期及生产率测评有助于管理者判定其正从事的工作是否正确，其使用的资源是否有效以及工作是否在不断改进。这一层面的信息通常具有集成性，例如，每日或每周的废料报告单、客户服务代表上交的客户投诉数据、生产现场传真的销售及成本数据。

上述各个层面的信息高度集中，来源于组织所有不同的信息渠道。一套与客户和企业经营要求紧密相关的全面工作测评指标，是促成企业所有活动与企业目标一致的坚实基础。

6.领导与战略计划

对质量管理工作的全面领导是高层管理者的责任。企业必须制订切实有效的方针政策，即以客户为中心，具有明确的质量标准，能够涵盖所有利益相关者的高标准要求，而且使之成为企业运营活动的一部分。高层领导者应当致力于调动所有员工的积极性，在全企业范围内鼓励员工参与管理，不断学习、革新并发挥创造力。高层管理者通过行使计划职能、工作质量评价职能，对在质量管理方面取得显著成绩的员工进行表彰，树立起一面旗帜，以强化员工的价值观念和鼓励员工承担领导责任。

高层管理者应该是企业质量管理的领导者，应当提出鼓励、激励员工实施质量改进的理念和观点。在日常工作中，领导者必须有建立质量管理体系的主动性并努力保持质量管理工作持续有效地进行，以消除员工难以避免的对变革的抵触心理。

上述各项原则应当在企业管理实践中持续不断地加以贯彻实施。

关键点提示

全面质量管理的基本要素是：

1.以客户为关注点；2.流程取向；3.持续改进与学习；4.授权与团队合作；5.以事实为管理依据；6.领导与战略计划。

3.13 如何实施全面质量管理战略

工作场景描述

当企业要制订并实施全面质量管理战略时，可查看。

解读与分析

传统的企业经营战略的核心是财务和营销，财务和营销是企业获得竞争优势的两种主要手段，二者同等重要。而全面质量管理的核心在“人”，它可以使财务和营销两个方面都得到改进，因此质量本身就可以作为战略。

对许多企业而言，把全面质量管理融入企业战略计划是顺理成章的事。对许多新企业或者那些已成功的企业来说，质量成为它们扩大销售、扩充实力、扩大产品规模的后盾，战略计划的重点则通常放在财务和营销上。

1.全面质量管理与战略制订

全面质量管理能够通过多种途径提高战略制订水平。

（1）全面质量管理强调组织要站在客户立场来考虑事情。

（2）全面质量管理在实施战略过程中集领导力于高级管理层。

（3）全面质量管理强调评价和客观调查，为达成战略目标和战略计划的有效实施真正起到了检验作用。

（4）全面质量管理强调团队合作，使组织中的每个人在战略计划中发挥作用。

（5）它把质量作为基础战略的一部分。

2.全面质量管理和战略管理理论

全面质量管理要求高效战略计划必须具有以下几点内容。

（1）发展企业战略的可行方法。该方法必须考虑到与市场环境、竞争环境、人力资源实力、企业实力以及供应商和合作伙伴的能力之间的联系。

（2）清晰的战略和行动计划以及配合行动计划的人力资源计划。同时，企业的长期和短期计划应该被充分认知和理解。

（3）实施行动计划的方法。这些方法应该符合实施行动计划的需要。

（4）执行战略计划的监督方法。战略计划执行中，因主要指标发生变化，需采取针对执行过程的监督措施。

3.全面质量管理战略实施

一个全面质量管理战略包括如下要素：一种基于客户的理念，一种反映客户声音的概念，一种向杰出企业学习的方法，一种对员工有人情味的表达方式，一种消除实现全面质量管理障碍的手段，一个评价计划。

这些要素可以在任何已经追求全面质量管理的组织中实施。然而，许多企业在实施全面质量管理的过程中遇到了很大的困难，甚至会考虑是否去实施全面质量管理。这种困难经常由一些常见的概念误解引起，例如认为全面质量管理意味着做许多如收集数据和组建团队之类的事情，或者认为全面质量管理只适用于大型企业。不管怎样，全面质量管理战略的确要求在组织设计、工作流程和文化方面进行重大变革。对许多企业来说，如此广泛的变革已经成为管理障碍。

4.全面质量管理战略实施中的各种角色

高层管理者、中层管理者和员工在实施全面质量管理战略过程中都起着十分重要的作用。高层管理者必须确保他们的计划和战略在组织内成功执行。中层管理者提供领导支持，通过他们的领导，将高层管理者的全面质量管理理念贯穿于组织的运行中。最后，保证质量的是员工。员工不仅必须得到授权，而且是获得全面质量管理成功的真正负责者。

5.获得成功的战略

以一些成功运用全面质量管理战略企业的实践来看，这些企业的成功表现为以下几个方面。

（1）成功的企业都是通过计划，鲜明地将注意力集中于质量。

（2）加强最高层次管理的投入。高级管理人员亲自参与整个质量管理流程，对客户和分支机构做大量的实地考察是很普遍的现象。

（3）客户满意度与多功能管理相结合。客户满意度体现了质量管理的成果。所有部门各司其职，任务明，责任清。还有一些企业运用管理技巧展开活动。

（4）员工参与质量管理比例高。

（5）通过数据和事实管理，着重于跟踪质量和改进质量的评价手段的运用。

关键点提示

一个全面质量管理战略包括如下要素：

1.一种基于客户的理念；2.一种反映客户声音的概念；3.一种向杰出企业学习的方法；4.一种对员工有人情味的表达方式；5.一种消除实现全面质量管理障碍的手段；6.一个评价计划。

3.14 全面质量管理的特点与内容是什么

工作场景描述

当要了解全面质量管理的特点与内容时，可查看。

解读与分析

全面质量管理是企业为了保证和提高产品质量，组织全体员工和各部门参与，综合运用从产品的研究设计、制造到售后服务的一套品质管理体系、手段和方法所进行的系统管理活动，目的是把专业技术、经营管理结合起来，综合运用现代科学和管理技术成果，控制影响品质全过程的各因素，从而有效利用企业资源，为用户提供满意的产品和服务。

全面质量管理是一种具有丰富内涵的管理方法，它与传统的质量管理，即质量检验与质量控制，有着截然不同的观念。世界上许多大型企业都在推行这种管理方法，我国企业也逐渐开始采用。企业推行全面质量管理前要了解以下内容。

1.明确全面质量管理的特点

（1）全面的质量管理。全面质量管理中“质量”的含义非常广泛，它不仅包括一般的质量特性，而且包括成本质量和服务质量；它不仅包括产品质量，而且包括企业的工程质量。

（2）全员参加的质量管理。产品质量是企业素质的综合反映，涉及所有的部门和员工，提高产品质量需要靠企业全体员工的共同努力。全面质量管理要求从企业领导人员到每个员工，都来学习、运用科学质量管理的理论和方法，提高本职工作质量。

（3）全过程的质量管理。全过程包括产品的设计过程、制造过程、辅助过程和使用过程。全过程的质量管理，就是指对上述各个过程中的有关质量进行管理。

（4）动态的质量管理。传统质量管理思想的核心是“质量控制”，是一种静态的管理。全面质量管理强调有组织、有计划、持续地进行质量改进，不断地满足变化着的市场和用户的需求，是一种动态的管理。

2.确定全面质量管理的内容

（1）产品设计试制过程的质量管理。设计试制过程是指产品（包括未开发的新产品和改进后的老产品）正式投产前的全部开发研制过程，包括调查研究，方案论证，产品设计，工艺设计，产品试制、试验、鉴定以及标准化工作等内容。其中，产品设计的质量决定着产品质量，在整个产品质量产生、形成过程中占有最重要的地位。

（2）生产制造过程的质量管理。当产品经过设计、试制阶段后将正式投入生产，生产制造过程的质量水平直接影响着产品最后的质量。因此，在这一阶段质量管理应做好以下工作。

①加强工艺管理。企业应该严格工艺纪律，全面提高生产制造过程的质量保证能力，使生产制造过程经常处于稳定的控制状态，并不断进行技术革新，改进工艺。

②加强技术检验。为了保证产品质量，必须根据技术标准，对原材料、在制品、半成品、成品以至工艺过程的质量进行检验，保证做到：不合格的原材料不投产，不合格的制品不转序，不合格的半成品不使用，不合格的零件不装配，不合格的成品不出厂。

③加强对不合格品的管理。重点要抓好两项工作：制订不合格品处理的标准，建立健全原始记录制度。

（3）定期召开不合格品分析会议。企业要通过分析研究，找出造成不合格品的原因，并采取纠正、改进措施。

①做好不合格品的统计分析工作。根据有关质量的原始记录，对不合格品中的废品、返修品等进行分类统计。

②建立不合格品技术档案，以便发现和掌握不合格品产生和变化的规律，从而为有计划地采取防范措施提供依据。

③加强工序质量控制。全面质量管理要求在不合格品发生之前，及时发现并处理问题，防止不合格品发生，为此必须加强工序质量控制。

④建立全面质量管理准则。推行全面质量管理能否取得实效，关键在于能否正确掌握和运用其基本思想，并与企业品质管理实践相结合。全面质量管理的准则有：品质效益的思想、为客户着想原则、不断改进的原则、从事后把关转为工序控制为主的原则。

⑤加强对辅助生产过程的质量管理。除了进行基本生产过程的质量管理以外，为保证基本生产过程实现预定的质量目标，保证基本生产过程正常进行，还必须加强对辅助生产过程的质量管理。辅助生产过程的质量管理一般包括物料供应的质量管理、工具供应的质量管理和设备维修的质量管理等。

（4）产品使用过程的质量管理。产品的使用过程是考验产品真实质量的过程，它既是企业质量管理的出发点，又是企业质量管理的归宿。产品的质量特性是根据客户的使用要求设计的，产品真实质量的好坏，还要靠客户进行评价。因此，企业的质量管理工作必须从生产过程延伸到使用过程。

产品使用过程的质量管理，主要应做好以下几项工作。

①加强技术支持、服务工作，及时有效地解决客户的技术困难。

②注意调查客户使用效果和使用要求，及时收集信息，为提高产品质量提供依据。

③妥善处理产品质量纠纷，及时了解客户反映的意见，如果确实存在制造问题，应及时修理、更换，保护客户权益，创造良好的企业信誉。

总之，全面质量管理是一种科学的管理方法，是全员参与、全程控制的现代管理技术。企业应结合自身的条件和要求，认真地开展全面质量管理活动，把企业的质量管理水平提升到一个更高的层次。

关键点提示

全面质量管理的特点包括：

1.全面的质量管理；2.全员参加的质量管理；3.全过程的质量管理；4.动态的质量管理。

3.15　如何在全面质量管理中发挥领导者的作用

工作场景描述

当企业想在全面质量管理中充分发挥领导者的作用时，可查看。

解读与分析

领导者是管理与组织行为的基石，几乎所有人都把它列入组织成功的几个先决条件之一。因此，领导者在全面质量管理中发挥着至关重要的作用。领导者是制订组织计划和目标的人。如果组织计划与目标不包含质量管理，或者更糟糕的是，与质量管理对立，质量管理工作将会毁于一旦。领导者通过关键的决策与示范行为影响组织文化。如果他影响组织文化的结果是把短期利益或便利放在了质量管理之前，那么质量管理工作将会无法开展。领导者是分配资源的人。如果各计划中质量管理工作需大量投入，而大量投入资源只是降低了短期成本，那么质量管理工作也会名存实亡。

在全面质量管理中，领导者须遵循如下几项工作规则。

1.规划远景

远景是一个生动的概念，指的是组织将成为什么样子。它是可能性与潜力的形象描绘。远景对于组织的员工来说，应当是清晰而令人振奋的。它应当与客户需求相连，负载着实现使命的总战略。

（1）统一远景。规划远景的第一步是统一远景。统一远景是一项艰难的工作，领导者不应独立完成，可以利用企业所有成员的智慧与想象力。

（2）听。原始的远景也许产生于企业领导者周围员工的建议中，规划远景的第二步就是听。领导者愿意倾听并接受企业所有成员的建议会对规划人们乐意接受的远景更有帮助。在当今的竞争环境中，如果某个企业不遵循以客户为中心组织生产的原则来规划远景，竞争对手就可能会运用自己的远景规划赢得客户。

（3）全员灌输。规划远景的第三步是将目标逐步灌输给企业的所有成员。吸引且影响人的能力是具有超凡魅力领导者的最有力的工具。领导者可以利用它在整个企业立下承诺。这就是领导者的授权职能：让每个人接受远景。

2.确立价值观

确立质量远景要求组织拥有一套价值观，如热爱客户、持续改进和团队合作等。希望企业追求价值、信奉价值的领导肯定对价值有最大限度的依赖。

管理行为的很多具体细节，可以表现领导者对于以质量为主的价值观的承诺。例如，他们会参加质量方面的培训课程，而不是让别人代为参加。他们会在自己的可控范围内持续实施质量改进工作，比如制订战略计划与进行资金预算。也许更重要的是，他们可以为质量改进工作提供更充足的资金，因为全面质量管理工作不是其他业务的附属品。

3.持续改进工作

除了通过决策与行动规划企业远景，阐明质量管理价值观外，领导者还必须持续改进工作。如果在客户眼里，企业并未持续不断地改进工作，那么所有的远景与价值观都将毫无价值。只有不断地改进工作，企业才会拥有很高的质量水平及富有竞争力的远景。

领导者持续改进工作的方法有多种，经常用到以下几种。

（1）领导者持续努力，以求改进可控流程。如，管理层通过加快步骤消除非增值举措，简化资金预算流程等。其中某些流程的组织成员要走到客户中去，让客户了解他们的行动与客户需求紧密相关。

（2）领导者协助企业员工优化工作流程。运用这种方法，领导者可以利用他们掌握全局的优势，向员工暗示改进方法对于质量改善并满足客户需求有可能产生的高回报。

（3）激发员工从事他们不相信自己能够胜任的工作。领导者在管理流程改造时，有义务培训所有员工，使他们懂得各种流程结合在一起的过程。如果培训不起作用，领导者应当为流程改造确定优先顺序。

（4）领导者应为成功实施流程改造清除障碍。障碍也许包括恼人的标准操作规程、关键领导的阻挠。缺乏管理层的领导，这种障碍会影响改进流程。当然，在处理这些障碍时，领导者必须坚持采取与质量价值观一致的处理方式。例如，员工在变化面前不愿前进时，他们仍应受到尊敬，其意见仍应慎重考虑，即使这些意见被完全否定。

（5）领导对员工工作的认可。领导者要认可员工为流程改造所做的努力，鼓励员工，对员工取得的阶段性成功给予认可、赞扬。

企业领导者应当把握方向，建立以客户为主的、明确的、显而易见的价值标准，设定高期望值。企业领导者需激发整个工作团队的热情，鼓励所有员工为企业奉献，鼓励员工寻求发展与学习、创新与革新。领导者应当通过他们的理性行为参与储备未来领导者、审核企业业绩、认可员工等工作，发挥他们的榜样作用。仅鼓励每位员工努力工作是没有用的，要重新看待所有工作，将精力集中于核心流程的改造，这对于提升企业在市场上的地位作用巨大。

关键点提示

领导者在质量管理工作中须遵循的几项规则：

1.规划远景；2.确立价值观；3.持续改进工作。

3.16　如何选择质量管理的工具

工作场景描述

当企业要选择良好的质量管理工具时，可查看。

解读与分析

在进行产品质量管理时，需要对产品质量进行检验和分析，也就需要利用相关的质量管理工具。企业在进行质量管理时可参考运用以下工具。

1.帕累托图法

意大利经济学家帕累托最早用排列图分析社会财富分布的状况，后来美国质量管理专家朱兰将其应用于质量管理。自此，排列图成为分析和寻找主要质量影响因素的一种工具。排列图又称帕累托图，是一种按分类数据的大小从大到小顺次排列的柱状图，是用以明示各种因素对最终结果影响大小的数据分析工具，也是排列各种生产和服务改进可能性的质量管理工具。

帕累托图的制作步骤如下。

（1）确定数据的分类及计量单位。

（2）确定数据的时间周期。

（3）搜集和整理数据。

（4）作图。

2.检查表法

检查表又称统计分析表，是一种对数据进行整理和初步分析的工具，其格式多样，方法简单，但实用有效。检查表的样式较多，一般可采用列表式、矩阵表式和绘制草图。

3.因果分析图法

因果分析图，是分析某一质量问题发生原因时所用的定性图示。因其形状酷似鱼骨，也称鱼骨图。因果分析图法是一种充分发动员工动脑筋、查原因，集思广益的好办法，特别适用于在工作小组中实行质量民主管理。

因果分析图的制作步骤如下。

（1）确定要分析的问题。

（2）进行原因分类。

（3）收集记录各种原因。

（4）在重要的原因上加注标记。

4.直方图法

直方图又称质量分布图，是表示数据数值变化情况的条形图。用直方图可以直观地看出产品质量特性的分布状态，判断工序是否处于受控状态，还可以对总体生产活动进行推断，判断其总体质量分布情况。制作直方图的关键是合理分组，分组通常是按组距相等的原则进行的，两个关键数字是分组数和组距。

5.散布图法

散布图又称相关图，是研究成对出现的两组数据之间是否存在相关关系及其相关情况的简单图示。某两组数据之间究竟是否存在相关关系及此种关系的强弱如何，可以通过散布图及其有关判定准则来判定。所以，可以使用散布图对某因素与质量缺陷之间的关系进行分析，判断此因素是否会成为造成质量缺陷的原因。

散布图的制作步骤如下。

（1）搜集数据资料。

（2）画出长度大致相等的横轴与纵轴，标记上组的名称、计量单位，做好尺度标记。

（3）依成对数据在图上绘点。

（4）分析各点的散布状态，考查两者之间是否相关及相关程度。

6.关联图法

关联图又称关系图，是用箭头线表示各项存在的问题、目的及其要因、手段，以及要因之间、手段之间错综复杂的逻辑关系的图形。企业可以运用关联图法解决质量管理问题。

在关联图中，用双线框（椭圆形或方形等均可）表示问题或目的，用单线框表示要因、手段或子目的。对于重点问题或目的，可画上不同颜色或形式的框，以便醒目。框内文字应简洁、明确，不致产生歧义。箭头线一般多由要因指向问题，由手段指向目的。

7.系统图法

系统图法是以系统图系统地寻求解决问题或实现目的的最佳手段的一种方法。系统图又称树形图或枝杈图，是将所要解决的问题或实现的目的作为一个系统，将其逐层分解为子系统，直至可以实施质量管理或达到控制要求为止的图形。系统图在质量管理中可以应用在产品质量保证活动和质量改善方面。

8.矩阵图法

矩阵图法是通过矩阵图进行二维（或多维）思考，以明确问题所在的一种方法。矩阵图是用来表达因素群之间有无关系以及关系密切程度的一种图形，矩阵图法只是查找问题所在的一种定性分析方法。对其中有关系的，即使是关系密切之处，当前是否确实存在问题，也需进一步调查、分析。

总之，质量管理的各种工具，有其各自的优缺点和适用条件。企业在选择质量管理工具时要充分了解自身的情况，选择最适合的质量管理工具或工具组合，以便充分发挥其效能。

关键点提示

质量管理工具包括：

1.帕累托图法；2.检查表法；3.因果分析图法；4.直方图法；5.散布图法；6.关联图法；7.系统图法；8.矩阵图法。

3.17 如何创建质量改进环境

工作场景描述

当企业准备进行质量改进，要掌握质量改进环境的创建方法时，可查看。

解读与分析

企业进行质量改进需要一个积极、健康的环境，只有拥有良好的质量改进环境，才可能使企业全体员工积极投入到质量改进的活动中去。创建质量改进环境需做好以下工作。

1.企业各级管理人员应负责并领导创建质量改进环境

各级管理人员应以身作则，通过不懈的努力和均衡、合理配置资源来充分发挥其领导作用并履行义务，从而创建良好的质量改进环境。

作为质量改进的领导者，各级管理人员要负责传达质量改进的目的和目标并保证全体员工真正理解；要不断改进自身的工作过程；要培育一个公开交流沟通、互相合作、相互尊重的环境；还要使得企业中的每一个员工都有可能改进他们的工作，为此应授予他们必要的权力。

2.确立与质量改进环境相对应的价值观念、态度和行为

质量改进环境的创建，往往需要有以满足客户需求和设置更高竞争目标为中心的、新颖的、共同的价值观念、态度和行为作支撑，其中包括以下几点。

（1）将注意力集中于满足内部和外部客户的需求。

（2）质量改进要涵盖产品生产、形成的全过程，即整个质量管理环节都需要进行持续的质量改进，而不仅仅是在生产现场需要进行质量改进。

（3）展示管理者应尽的义务、领导作用和参与情况。

（4）不论是在协同工作中还是个人活动中，始终强调质量改进是每个员工工作的一部分。

（5）通过改进生产过程找到存在的相关问题。

（6）持续不断地改进所有的工作过程。

（7）利用数据等信息进行充分交流与沟通。

（8）促进协同工作和尊重个人。

（9）依据对数据的分析进行决策。

3.制订具体的企业质量改进目标

（1）具体的质量改进目标要与企业总的经营目标紧密结合，并突出提高客户满意度及质量改进效果和效率。

（2）质量改进目标应明确、易懂、积极、可行、恰如其分，并且能够用于测量质量改进的进展情况。

（3）实现质量改进目标所需的策略、措施，应该被为实现这些目标而必须一起工作的全体人员所理解和赞同。

（4）质量改进目标应定期评审，并反映出不断变化的客户期望。

4.在相互信任的基础上进行公开交流、沟通与合作

尽量消除组织和人员间影响质量改进效果、效率和持续质量改进的障碍，促进组织和人员间在相互信任的基础上进行公开交流、沟通和合作，包括与供应商及客户的公开交流、沟通与合作。

5.建立质量改进的奖励认可制度

对个人以及集体的质量改进绩效进行认可和奖励，有效发挥激励的作用，进一步激发全体人员参与质量改进活动的积极性、主动性和创造性，以保证质量改进活动持续进行。

6.对企业全体人员进行继续教育和培训

上至企业最高领导，下至现场工人，都应在质量管理理论和实践方面，以及在质量改进所用方法、工具、技术等方面得到教育与培训，使企业全体人员树立起质量意识，拥有不断改进质量的思想。

教育与培训要讲求实效，要与实践应用相结合，因此要对教育与培训的效果进行定期评估。

总之，创建质量改进环境需要企业最高管理层以身作则，加强企业上下级间的沟通，培训企业员工，使企业全体人员都明确质量改进的目标，让全体人员都能积极主动地开展质量改进活动。

关键点提示

创建质量改进环境要做好以下工作：

1.各级管理人员以身作则；2.确立相应的价值观念、态度和行为；3.制订具体的质量改进目标；4.加强组织和人员间的沟通与合作；5.建立质量改进的奖励认可制度；6.对全体人员进行继续教育和培训。

3.18　如何组建 QCC

工作场景描述

当企业要组建QCC，进行质量改进时，可查看。

解读与分析

品质管理圈（Quality Control Circle，QCC）也称品质管理小组，简称为品管圈或品管小组，是指在同一工作现场的从业人员，就现场工作中存在的问题，以保证和改善质量、降低消耗、提高效率以及提升人的知识技能为目的而自愿组成的，运用质量管理方法和专业技术开展活动的小组。

QCC是企业中一种可开展群众性质量管理活动的有效的组织形式，是员工参与企业管理的经验同科学管理方法相结合的产物，它为改善工作品质，有效解决工作问题提供了一种有效的方法。企业在组建QCC时要明确以下内容。

1.明确QCC组建三原则

组建QCC时应坚持员工自愿参加、自愿结合、自愿组合的原则。

只有坚持三个“自愿”，才能提高QCC的凝聚力，引发QCC成员的自驱力，使QCC自觉地开展卓越而有成效的质量管理活动。如果仅靠行政指令建立QCC，一是违背了三个“自愿”原则，会导致成员对小组活动的不热心，不关心；二是易使QCC活动流于形式。这样做不仅解决不了质量问题，反而有碍企业进步。

各部门内组建QCC时，均应强调三个“自愿”。在解决企业重大问题或完成需跨部门协作才能完成的课题时，企业可以采用行政指令组建QCC。但在吸收QCC成员时，仍应强调尊重员工意愿，坚持自愿参加的原则。

2.选择QCC的组建方法

组建QCC的方法一般有以下三种。

（1）自上而下组建。根据企业当年质量工作的难点和重点，有计划、有步骤地组建QCC。

（2）上下结合组建。上级单位推荐课题和任务，与下级单位协商确认课题，员工自愿参与组建。

（3）自下而上组建。由企业基层员工分析、制订企业的质量方针和质量目标，确定课题，自由组建。

这三种方法，一般随着QCC活动的成熟情况而从不自主组建到自主组建的过程。

总之，组建QCC时应依据三个“自愿”原则，根据企业自身的情况，选择QCC的组建方法，激发QCC成员的积极性，让成员自觉地开展质量改进活动。

关键点提示

组建QCC的方法可选择以下几种：

1.自上而下组建；2.上下结合组建；3.自下而上组建。

3.19 如何开展 QCC 活动

工作场景描述

当企业要了解QCC活动程序并开展QCC活动时，可查看。

解读与分析

QCC活动的开展过程就是PDCA循环的具体应用过程，把这四个环节分解开来，就形成了QCC活动的具体程序。

1.确定活动课题

QCC活动能否取得成功，取决于活动的课题恰当与否。在确定课题时应充分注意以下几个方面。

（1）课题要合适和实用，避免大而空。

（2）课题要先易后难。

（3）课题要具体明确。

（4）课题要有依有据，来源合理。

课题一般来自工作中的问题，这些问题涉及效率、品质、浪费、成本。

2.调查分析

调查分析的目的是通过使用一系列统计和分析手段，掌握必要的材料，找出产品品质问题形成的原因，同时也为确定目标值打下基础。

调查分析时，要注意以下几点。

（1）注意调查的客观性，调查结果要真实可靠。

（2）注意调查的时间性，起止时间中至少有一端要被QCC活动时间所覆盖。若离得太远，就不准确、不可靠。

（3）调查的对象必须是主要问题。

3.设定目标值

设定目标值是为了确定QCC活动要把问题解决到什么程度，也可为检查活动的效果提供依据。

（1）设定目标值时应利用5W2H方法，回答以下七个问题。

①为什么要制订这一措施（Why）？

②这一措施要达到什么目标（What）？

③什么时候完成（When）？

④在哪儿执行这一措施（Where）？

⑤怎样执行这一措施（How）？

⑥谁来执行这一措施（Who）？

⑦大约需花费多少资源（How much）？

（2）目标值设定注意事项。

①目标值设定应从实际出发，目的是解决实际问题。

②不要怕目标值太低。

③目标值应明确。

④目标值不要太多。每次的目标值最好为1个，最多不超过2个。

4.确定问题的主要原因

在调查分析的基础上，对初步确定的导致产品质量问题的主要原因进行验证和进一步筛选，最终确定问题的要因。

确定要因时必须要小组成员来到工作现场，进行观察、调查、测量、试验，这样才能收集到可靠数据。

确定要因常见的方法有排列图法、实验验证法（用小范围内的实践或观察来验证主要原因）、投票法、技术分析法（从技术理论上推导分析）。

5.制订对策计划

确定要因后，要针对要因采取相应的对策措施，并拟订一份对策计划表。计划表的内容包括：需改善的项目、问题和现状、设定的目标值、对策措施、对策措施负责人、预定完成时间。

制订对策计划时要注意：

（1）对策措施应具体可行，能实施和检查；

（2）对策措施应由不同组员提出和承担，做到全员参与，不能只由少数人负责。

6.实施对策计划

对策计划的责任人应负起指导的责任，并控制对策计划的实施过程。对策计划的实施应取得相关人员的支持，并对相关人员进行教育培训。

实施对策计划时应注意以下两点。

（1）严格按照对策计划行事。

（2）保持经常性和全员性。

对策计划实施过程中会产生新问题，原先拟订的对策措施中可能会有无法实施的措施。此时，就应及时修改对策措施，经小组成员讨论确定后再实施。

7.检查对策计划的实施效果

检查的目的是确认对策计划实施的效果。通过活动前后的对比，相关人员即可以看出对策计划的实施效果。

检查对策计划实施效果时要注意以下三点。

（1）用数据和事实说话。

（2）进行多层次、多方位、多种方法的对比。

（3）对某些特定指标的检查，应邀请职能部门的代表参加。

如果检查发现未获得预期效果，则应进行反思和检讨，必要时再回到“调查分析”的步骤。

8.制订巩固措施

制作巩固措施的目的是防止问题再发生，把活动中有效的实施措施纳入有关管理文件，实施标准化管理，防止质量问题再次出现。如果作业方式有所改变，就得训练员工掌握改变后的作业方式。

总之，QCC组建完成之后，要着手开展QCC活动。在开展QCC活动的过程中要按照PDCA循环稳步前进，认真地制订对策计划，并在对策计划实施时对其进行检查、评价，不断向质量管理目标迈进。

关键点提示

QCC活动的开展程序包括：

1.确定活动课题；2.调查分析；3.设定目标值；4.确定问题的主要原因；5.制订对策计划；6.实施对策计划；7.检查对策计划的实施效果；8.制订巩固措施。

3.20　如何发表 QCC 工作成果

工作场景描述

当企业要确定发表QCC工作成果时，可查看。

解读与分析

QCC的工作成果可分为有形成果和无形成果。

无形成果通常指难以用物质或价值形式表现出来，无法直接计算其经济效益的成果，如改善工作环境，改善人际关系，提高小组成员自身素质等。无形成果对企业经济效益方面会产生更深刻、更广泛、更长远的影响。

有形成果主要指那些可以用物质或价值形式表现出来，通常能直接计算其经济效益的成果，如提高产品质量，降低物料消耗，提高劳动生产率。

QCC工作成果的发表是QCC活动的一大特点，成果发表可以提高员工的总结能力和讲演能力，也可以促进员工互相交流经验，互相启发，共同提高，增强集体参与意识，提高企业的凝聚力。在QCC工作成果发表的过程中要做好以下工作。

1.做好工作成果发表准备

（1）推选发表人。

（2）演练（自己练习，组内练习，集体练习）。

（3）制订评审方案。

（4）组织评审小组。

（5）准备初评成果材料。

2.确定工作成果发表形式

目前QCC工作成果的发表形式可归纳为以下几种。

（1）现场发表型。这种形式在中小型企业或大型企业的分厂、车间、工段采用得较多。由于大家对产品、工艺、设备等情况都有大体的了解，只要稍做介绍，听众就会领会，因此没有必要介绍每一个活动细节。可根据小组的工作成果报告和平时检查了解的情况，先认定其真实性和可靠性，再发表主要内容。发表方式有以下三种。

①实物对比发表式。结合改进前后的实物产品、设备或工艺等进行对比宣讲，介绍改进的理由、过程和效果。

②活动阶段重点发表式。由小组介绍PDCA循环一个或两个阶段的情况，不介绍全过程，只介绍对活动体会最深的内容。这样每个成果都具有特色，发表时间短，内容又突出。

③集体发表式，即由小组全体或部分成员分别介绍个人在活动中的做法和体会。或一个人讲一个阶段的情况，衔接起来就是一个完整的工作成果。

（2）大会发表型。由于工作成果发表组织的目的不同，参加的小组多少不一，因此大会发表的形式也不相同。

①评选表彰式。此种形式出于评选表彰优秀小组并向上级推荐的目的，可采取下级推荐、本级认可、重点评审、评委选拔、大会表彰、公布向上级推荐的结果、领导授奖的方式。这种做法将大量工作放在会前，通常只要两个小时就可结束会议。

②发表分析式。可由评委按评价标准对上报的工作成果材料分别进行审查打分，并综合评价其优缺点。评委会研究确定入选的几个有倾向性、代表性、有特色的工作成果，作为案例发表，由评委逐个进行评价。

③专家群众结合式。为增强群众基础和评选的公正性，可采取候选小组发表，评委打分定名次，会议代表投标决定的专家群众结合式。对群众选标中有75%的小组当选投标人要给予一定的奖励。

④交流经验式，即会前散发成果报告，让大家审阅，会上由小组代表结合成果报告介绍活动做法和体会，听众就工作成果中的问题提问，和小组代表一起探讨。

⑤文娱发表式。在服务行业，小组可以文娱方式发表成果，在愉快的气氛中交流。

总之，QCC活动是全员集体参与的活动，在进行一定时间后要发布工作成果，鼓舞员工士气，增强员工的工作积极性。只有这样，才可以长期保持QCC活动的活性。QCC活动已成为企业品质管理活动中的重要内容。

关键点提示

发表QCC工作成果的形式包括：

1.现场发表型；2.大会发表型。

3.21 如何促进QCC活动成功推行

工作场景描述

当企业要制订QCC活动的有效推行措施时，可查看。

解读与分析

开展QCC活动是企业实施质量改进活动的重要措施，它能否推行成功直接影响着企业质量改进活动的效果。企业应采用适当的促进措施，将QCC活动在企业中成功推行下去。

1.大力加强教育培训

要想使QCC活动广泛开展，QCC活动水平是否能不断提高，除了要对员工进行文化、技术教育培训外，还要对员工进行质量意识、问题意识和改进意识的教育培训，以及质量管理知识和方法的教育培训。要把教育培训作为开展QCC活动的先行工作来抓，并贯穿QCC活动全过程。企业要把质量教育培训纳入员工培训计划，规定每年不得少于多少学时。

分层举办各种类型的学习班，包括：对中层及以上干部的重点培训班、对技术管理干部的深化提高班、对班组长和广大员工的普及班。也可以采用企业培训领导干部、质量管理专（兼）职骨干，部门/车间培训一般干部和职能人员及员工的方法。

要注意教育培训的针对性和有效性。对不同类型的QCC，教育培训内容要有所区别。要根据课题的不同，安排不同的教育培训内容。

2.管理者以身作则

企业的管理者要重视和支持企业主管部门开展QCC活动，有条件的情况下，企业管理者可亲自参加，亲自发表工作成果，并抓下一级领导的工作。上一级领导抓下一级领导的工作，做到层层抓，就带动了各级干部和员工参加QCC活动的积极性。

3.完善管理

（1）建立必要的管理制度。要建立必要的制度，以保证QCC活动管理程序和活动程序的标准化和程序化。目前企业所建立的基本制度有QCC活动措施细则、QCC活动奖励制度。在企业的年度计划里，还要规定一些QCC活动的要求，如一年时间里企业级、部门级召开几次工作成果发表会，有关专（兼）职人员多长时间要指导、检查一次小组活动的开展情况等。

（2）加强日常活动管理。日常活动管理首先涉及课题管理，对课题管理，要做到

“三看”“三落实”“三强调”。

①看课题是否合理，落实课题类型，强调课题的针对性。

②看课题是否制订了目标，落实目标的可能性，强调目标的先进性。

③看课题的活动计划，落实课题完成预计时间，强调活动的有效性。

抓好日常活动的指导检查工作，及时帮助小组总结、发表工作成果，落实激励政策。

4.做到五个结合

（1）QCC活动与班组建设相结合。在实施QCC活动时，要把班组完成上级下达的各项指标的难点和薄弱环节与小组的课题结合起来，要把班组升级、争先进的管理问题与小组的课题结合起来，要把班组的管理经验同科学的管理方法结合起来，使班组管理工作水平不断提高。

（2）QCC活动与合理化建议相结合。在QCC活动中，特别是在制订措施计划时，应该积极开展合理化建议活动。可以采取小组成员个人提出建议的方式，也要提倡小组成员两三个人集体提出建议的方式。

（3）QCC活动与方针目标相结合。每个企业都要确定企业的方针目标或每年的工作重点，并层层展开，直至班组和个人。现场型QCC经常活跃在班组，通过上一级的目标找出班组的问题点，在确定班组目标、制订班组的对策上，以QCC活动的形式加以解决。

（4）QCC活动与素养建设相结合。开展QCC活动时，更要注意做好个人工作，与培养员工的精神风貌、职业道德、思想品德结合起来。

QCC活动还可以贯穿于各种竞赛活动，可加深员工对QCC活动的理解，增强员工参与QCC活动的积极性。

（5）QCC活动与专业管理相结合。专业管理部门要强调质量职能的落实，要为QCC活动提供有针对性的课题。专业部门和管理部门要把开展QCC活动与改进管理方法和解决关键问题结合起来，使QCC活动成为以专业管理为主的活动，逐步形成专业管理战线，成立全员性品质管理网络。

总之，开展QCC活动并不是短期的行为，要想使QCC活动真正深入人心并得以有效推行，企业需要采取一些推行措施。通过采用有效的推行措施，企业才可以真正达到全员开展QCC活动的目的。

关键点提示

促进QCC活动成功推行可采用以下措施：

1.大力加强教育培训；2.管理者以身作则；3.完善管理；4.做到五个结合。

3.22 如何实施提案改善制度

工作场景描述

当企业准备实施提案改善制度，要确定具体的实施步骤时，可查看。

解读与分析

企业内员工发觉目前办事程序、工作方法、设备等有需要改善的地方，而提出建设性的改善意见，称为“提案”或“建议”，为系统处理员工提案而订立的制度就是提案改善制度。

1.明确提案改善制度的作用

（1）开发员工脑力资源，激发员工创造潜能。

（2）可使员工的良好意念及构想付诸实现。

（3）使员工直接参与经营活动，形成全员经营。

（4）群策群力，共同发展企业。

2.与提案改善制度有关的组织与人事安排

提案改善制度的成功推行取决于全员参与改善工作。是否拥有健全的组织与人事安排是提案改善制度成败的关键，因此在推行提案改善制度之前应有妥善的计划与安排。以下是与推行提案改善制度有关的组织与人事安排。

（1）组建提案改善制度推行委员会。它的主要职责有以下几点。

①拟订提案改善推行规程。

②拟订提案改善审查基准。

③拟订事务处理程序。

④制订各种提案改善制度相关报表。

⑤拟订宣传与教育计划。

（2）指定提案改善管理人。他的主要职责有以下几点。

①提案的搜集：按时检查提案箱，搜集提案。

②将提案整理后呈送审查委员会，内容不全的提案请提案人补全。

③通知提案人收到提案。

④保管提案记录与报告。

⑤采用审查单位或审查人的推荐。

⑥通知提案人提案审查结果或实施结果。

（3）指定提案采用审查人。他的主要职责有以下几点。

①向审查委员会提出报告，陈述实施后的可能优缺点、现场的可能反应等。

②协助执行单位试行审查委员会决定采用的提案，以确保绩效。

3.期望的提案内容与奖赏类型

（1）期望的提案内容包括以下几点。

①制造方法的改善。

②节省人工、材料、用品或费用的方法。

③增进生产的方法。

④产品的品质改善方法。

⑤工作环境的改善方法。

⑥消除或减少危险的安全措施。

⑦工具、机械或设备等的改善方法。

（2）奖赏种类。对提案人的奖赏大致可以分为五类。

①提案奖：又称为参与奖、精神奖、努力奖、慰劳奖等，对象为企业内被退件的提案人或企业外的提案人。美国有很多企业只给予第一次参加且被退件的提案人此奖。奖

金很少，通常以纪念品代替。

②采用奖：此奖颁给通过预估审查获得采用提案的提案人。奖金依等级而定。

③绩效奖：颁给实施后有效提案的提案人，奖励依评定的等级而定，通常多采用奖金形式，奖金从几百到几千元，有些企业可能多至数万元。

④累积奖：为鼓励员工不断地提出提案，特设此奖。方法是将员工全年所得提案奖换算成分数，加以累积，依分值多少给予员工奖励。

⑤团体竞赛奖：为了激发竞争心理，以部门为单位，将全年度该部门内所有员工个人所得的提案改善奖的累积换算分数加起来除以人数，以决定名次。选出前三名，由经营者颁给奖杯或锦旗。

总之，实施提案改善制度可以激励员工动脑思考，尽力提出合理化建议，这样既可以提高员工工作的效率与效果，提升产品质量，还可以促使员工积极参与管理，强化员工对企业的责任心与荣誉感。

关键点提示

提案改善制度的实施步骤包括：

1.明确提案改善制度的作用；2.与提案改善制度有关的组织和人事安排；3.期望的提案内容和奖赏类型。

3.23 如何实施无缺点计划

工作场景描述

当企业要实施无缺点计划，进一步提高质量管理水平时，可查看。

解读与分析

无缺点计划也称无缺点或零缺陷运动，简称ZD计划或ZD运动，即组织中的从业人员以无缺点为最终目标拟订当前的目标，以期努力达成，而后进一步提高目标要求的活动。无缺点计划经过不断完善，已成为品质管理学的经典活动。推行无缺点计划已成为企业创造奇迹，进而迅速发展壮大的强劲动力。无缺点计划的核心为第一次就把事情做对。

1.明确无缺点计划的实施前提

（1）每一名从业人员均须认识到自己工作的重要性。企业中的每项工作，对企业目标之达成皆重要，否则此项工作便无存在之必要。在无缺点计划中，人人皆是企业经营中的重要角色，企业应激发员工的工作动力，设法消除员工工作中的缺点。

（2）树立“无缺点”理念。实施无缺点计划的前提是人人要摒弃“难免会犯错”“错误总是难免的”的错误观念，每个人要树立正确的“无缺点”理念，在工作中严格遵守操作规程，以确保无缺点计划的成功实施。

2.实施无缺点计划的过程

（1）建立组织。在企业中实施无缺点计划时，一般可组建不同层面的委员会，主要有：由高层管理者组成的无缺点计划推进委员会，由中层管理者组成的无缺点计划委员会，以及由基层从业人员组成的无缺点计划执行小组。

（2）成立计划小组。组建此种组织的目的有以下几个方面。

①鼓励企业的全体员工积极参与无缺点计划。

②相互交流经验与心得，以便上下沟通。

③汇集员工改善建议、研究或报告，供上级主管采纳施行。

（3）制订目标。无缺点计划以零缺陷为最终目标，但通常非一次可以达成。为此，无缺点计划小组组成后需自行制订在一定时期内应达成的具体目标，包括目标项目和目标值。

（4）建立建议制度。在工作中有很多缺点非自身所能解决，此时员工可向组长指明产生缺点的原因，并提出消除缺点的建议。组长对权责范围内可以解决的缺点应立即解决，对权责范围以外的缺点，应立即将其转送有关部门。有关部门必须在规定限期内给予答复，并迅速采取有效措施予以解决。

（5）评价表扬。无缺点计划不对造成缺点者进行斥责，施加压力，而是对消除缺点者和无缺点者进行表彰鼓励。这样做可以增强从业人员消除缺点的动力和信心。

总之，无缺点计划可以给企业提供一种质量思维方式，即采用合适的措施完全可以避免质量缺陷，因此企业需要从上到下贯彻无缺点理念，并向着无缺点的质量管理目标努力。

关键点提示

无缺点计划实施过程包括：

1.建立组织；2.成立计划小组；3.制订目标；4.建立建议制度；5.评价表扬。

第4章

产品检验常见问题

产品检验是为了使产品达到规定的质量要求而开展的一系列检查、审核、验收活动。实施产品检验时，首先要制订质量标准，企业应根据这些完整、具体的标准，对产品的进料、生产过程、半成品、成品、装配与包装、入库、出库等进行认真、细致的检验，严格把关，做到不合格的原材料不投产，不合格的半成品不进入下一道工序，不合格的产品不入库、不出厂，从而真正保证产品的质量，确保送到客户手中的每一个产品都合乎质量规范。

企业还要通过质量记录管理和内部质量审核来分析产品检验的效果，及时采取措施进行改进。

4.1　如何制订质量标准

工作场景描述

当企业准备制订质量标准，用来作为质量控制的依据时，可查看。

解读与分析

标准是指人们为了更好地满足各方面的共同要求和取得良好的效益，在先进的科学、技术、管理和实践经验的基础上，对具有重复性的事和物，在一定范围内所制订的经过一定程序批准，以特定形式颁发、实施的统一规定。质量标准是质量控制管理的重要内容，具体包括以下几项。

1.生产作业标准

生产作业标准是在产品生产过程中，按工艺流程编制的标准化文件，用于控制工序产品质量及操作人员的作业流程、作业方法和作业条件。

（1）确定生产作业标准的内容。

①产品加工路线图。

②操作技术说明。

③检验项目及合格标准。

④使用物料。

⑤使用的机器、工具及其调校参数。

⑥产品质量允收率AQL，即可以接受的不良率。

（2）明确生产作业标准制订的注意事项。

①由工程技术部负责主持生产作业标准的制订工作，生产部、品管部共同协助完成。

②生产作业标准应于产品批量生产前制订。

③在产品生产前，应按生产作业标准对员工进行培训。

④当产品工艺、技术发生变化或质量得到提升时，应重新制订生产作业标准。

生产作业标准通常以生产作业指导书的形式出现。生产作业指导书是以书面形式描述操作者在生产作业过程中如何操作，异常事故如何排除及如何反映生产情况的文件。每份生产作业指导书只涉及一个岗位或一项工作。不同工种的作业不宜编在一份生产作业指导书内。

2.物料质量标准

（1）明确物料质量的含义。物料质量涉及物料成分、尺寸、外观、强度等。物料质量特性可分为物理、化学、外观质量特性。

（2）制订物料质量标准。物料质量标准的严格程度，依据产品质量对物料品质的要求而定，并不是越严越好，因为较高的物料质量标准，将使供应商难以达到要求，同时也会增加物料检测成本。而较低的物料质量又难以保证产品质量。所以，品管部门在制订物料质量标准时，应参考技术部、采购部、生产部的意见综合确定。

一般而言，合适的物料质量标准既能保证生产需求，降低生产成本，又能被供应商接受。

物料质量的各种特性，无论能否测定，都要尽可能明了地表达出来，因为这是物料验收的依据及保证产品质量的基础。若其无法用文字表达，则应呈以实物样品。

3.产品品质标准

产品品质标准的形式如下。

（1）产品质量检测文件，内容包括：产品名称、规格及图示，检测方法、条件，检测设备及工具，质量合格评定标准。

（2）产品实物样品。

4.质量检验标准

（1）检验作业指导书。检验作业指导书与生产作业指导书一样，是品管人员进行岗位操作的指导性文件，以保证品管人员的作业按规定进行。

（2）品管程序文件。为了加强质量控制力度，企业应制订以下程序文件：进料检验（IQC）程序文件、制程检验（IPQC）程序文件、装配检验（PQA）程序文件、成品最终检验（FQA）程序文件、出货检验（OQC）程序文件。

总之，质量标准是质量控制的基本依据，它的准确性直接影响着质量控制的效果。因此企业应认真制订各种作业标准，以保证质量控制活动有据可依。

关键点提示

质量标准包括：

1.生产作业标准；2.物料品质标准；3.产品品质标准；4.质量检验标准。

4.2　如何进行质量记录管理

工作场景描述

当企业要详细了解质量记录的作用并对其进行管理时，可查看。

解读与分析

质量记录就是将企业生产过程中的质量管理过程、相关数据及异常事项记录下来的作业过程，用来证明企业现阶段作业水平满足质量要求的程度。质量记录可为企业评价质量管理体系运行状态提供客观依据。企业进行质量记录管理时要掌握以下内容。

1.明确质量记录的作用

（1）为已完成的质量作业活动和结果提供客观证据。

（2）为企业质量改进提供依据。

（3）质量记录是提升企业内部质量水平的基础。

质量记录是企业信息管理的基础，企业通过对质量记录进行分析，能发现产品质量或企业管理的薄弱环节，从而为采取预防措施和纠正措施提供客观依据。

2.编制质量记录

一份完整的质量记录应包括以下几方面。

（1）名称、编号。

（2）适用范围。

（3）涉及的部门、班组、人员。

（4）记录日期。

（5）所涉及的物品名称、规格、颜色及其企业编号。

（6）执行记录的部门、人员和记录日期。

（7）对记录进行复查、批准的部门、人员和日期。

（8）备注或特别说明。

（9）若记录对外发送，还应有应发送部门的名录。

所有的质量记录都要有执行人、复核人、评审人、批准人或授权人的亲笔签名。

3.确定质量记录管理方法

质量记录管理方法涉及以下内容。

（1）记录的填写方法。依据记录内容按统一规定填写。

（2）对质量记录进行标记、分类的方法。建立企业统一的收集、标记、编码、归档、贮存、保管、查阅、修改和处理规定。

（3）质量记录作废的条件和销毁方式。

（4）质量记录保存的期限。在规定期限内的质量记录可供客户或其代表在评价企业质量管理工作时查阅。

总之，质量记录是用来记载质量管理状况，进行质量追溯的依据，企业应根据质量管理作业的实际需要编制适用的质量记录。质量记录应完整地反映企业质量管理活动的运行、控制和评审过程，并详细地记载关键活动。加强质量记录管理是提高质量控制水平的有力武器。

关键点提示

进行质量记录管理时要掌握以下内容：

1.明确质量记录的作用；2.编制质量记录；3.确定质量记录管理方法。

4.3　如何进行内部质量审核

工作场景描述

当企业要开展内部质量审核工作时，可查看。

解读与分析

企业内部质量审核一般是依据ISO9000质量管理体系来评价企业自身的质量管理体系，同时验证企业的质量管理体系是否持续满足规定的要求且是否正在有效地运行。企业内部质量审核的具体操作步骤如下。

1.确定内部质量审核任务

内部质量审核任务应由本企业的质量管理部门研究具体情况后提出，报请最高管理层批准后实施。

例行内部质量审核要按年度计划进行，特殊审核还要明确目的和受审核的部门或要素，每次审核时还要明确依据。任务确定后要按程序由有关管理者批准下达。

2.做好内部质量审核的准备工作

（1）组建审核小组。由企业最高管理层指定审核组长和审核组成员（内审员），组建审核小组。审核组长应领导全组编制好具体的审核计划日程表，并把审核任务分配给每个审核小组成员。如果审核小组只需一名审核员，则审核由审核组长单独进行。

（2）编制检查表。检查表是内审员进行内部质量审核时的一种自用工具，它不必向受审核方展示。但内审员编完检查表后应提交审核组长审阅，以便检查有无遗漏或重复，由审核组长进行协调。

由于进行内部质量审核的是内审员，因此内部质量审核工作的质量很大程度上取决于内审员的素质。为此，对内审员要进行培训和评选。内审员可以由企业自己评定和任命。但国际上流行的是内审员注册制度，只有注册内审员才可以从事内部质量审核工作。

3.实施现场审核

审核小组应准时到达审核现场，向相关人员说明审核的目的、范围、依据和方法。现场审核应以事实为根据，以标准或其他文件的规定为准绳，收集客观证据，作出公正的判断。如发现受审事项不合格，要按规定填写不合格报告，并请受审核部门领导签字，以表示认可。

在现场审核中要强调客观证据。客观证据就是建立在通过观察、测量、试验或其他手段所获事实基础上的信息。

4.编写不合格报告

在现场审核中一旦发现不合格事项，就要制作不合格报告，以便被审核方纠正。所谓不合格，就是受审事项没有满足有关法律、法规、质量保证标准、质量手册、质量计划、合同、各种书面程序和作业指导书等必须遵循文件要求。

不合格报告应包括以下内容。

（1）受审核部门及负责人姓名。

（2）内审员姓名。

（3）审核依据。

（4）不合格事实的描述。

（5）不合格类型。

（6）给出纠正不合格事项的期限。

（7）纠正措施完成情况及验证。

5.汇总分析审核结果

在召开末次会议前，审核组长组织召开审核小组会议，对观察结果进行汇总分析，以便对受审核部门的质量管理工作作出总体评价，必要时企业最高管理者也应参加审核小组会议。

6.编写审核报告

审核组长应按规定格式根据审核结果编写审核报告。此报告经企业相关人员审定后通过质管部门正式下达给受审部门。审核报告应如实反映审核的气氛和内容，应标有日期，审核组长应签名。

7.制订纠正措施

在现场审核完成以及审核报告发表后，审核小组和质量管理部门仍要花许多精力制订纠正措施并使其得到有效实施。

（1）提出纠正措施。当审核小组在现场审核中发现不合格项时，除应要求受审核部门负责人确认外，还应要求他们调查分析造成不合格的原因，有针对性地提出纠正措施。

（2）认可与批准纠正措施。被审核部门负责人提出的纠正措施必须经过审核小组的认可。经过审核小组认可的纠正措施还要经过企业最高管理者的批准，经过批准后，该纠正措施才可以付诸实施。

（3）实施纠正措施。内审中纠正措施的实施期限一般为15～30天，具体时间视不合格项的具体情况而定。

（4）跟踪和验证纠正措施。审核小组应对纠正措施实施情况进行跟踪，掌握纠正措施的实施情况，发现问题及时向管理者代表或质管部反映。纠正措施实施后，内审员应对纠正措施实施情况进行验证并在不合格报告上签字，宣布取消不合格项。

总之，内部质量审核是一种重要的管理手段和自我改进机制，只有通过内部质量审核，企业才能及时发现问题，采取预防和纠正措施，不断完善和改进质量管理体系。

关键点提示

内部质量审核的具体步骤包括：

1.确定内部质量审核任务；2.做好内部质量审核的准备工作；3.实施现场审核；4.编写不合格报告；5.汇总分析审核结果；6.编写审核报告；7.制订纠正措施。

4.4 如何分析质量控制活动的绩效

工作场景描述

当企业要了解质量控制活动是否有效时，可查看。

解读与分析

企业需要对质量控制活动的执行效果进行分析，判断质量控制活动是否按原定计划开展。质量控制活动绩效分析的步骤如下。

1.选择分析项目

分析项目根据企业具体情况而定，如准时出货率、客户投诉率、成品合格率、库存的合理水平、质量控制成本。

2.收集、汇总数据

收集、汇总各项数据，之后要用图表的形式，将现有的质量状况直观地表达出来。

3.运用分析方法，查找不良原因

运用适当的方法（如帕累托图、因果图等）分析数据，查找不能达到既定目标的原因。

除了统计分析法外，企业还可以采用以下方法进行分析。

（1）专家评价法。专家评价法就是邀请质量控制涉及的技术、管理和操作方面的专家，依据客户的需求，企业的质量改进目标、计划和标准对质量控制的有效性进行评价。

（2）客户评价法。评价企业质量控制活动绩效时，可通过对现有和潜在的客户进行调查，分析评估其满意程度，来评价质量控制效果。同时，市场占有率、质量投诉的次数也可作为评价的指标。

（3）产品性能评价法。企业可通过对改进后产品的质量性能（如产品的可靠性、安全性、可维护性等）进行检验和测量，来分析质量控制效果。

（4）过程效率评价法，即通过检查、评估企业内部劳动力、资金和物资的使用率，生产过程的调整、等待时间，交货期，库存规划，生产能力和生产过程的稳定性等，来评价质量控制效果。

4.制订改善策略

各部门组织员工进行作业方法培训，对新员工要进行必要的考核，合格后方可上岗。如来料不良，应由品管部填写“来料不良品质改善通知单”，提请采购部通知供应商，并限期回复改善措施。

总之，企业开展质量控制活动的目的是改善质量管理活动，提高产品、服务质量，如果质量控制活动不能有效开展，那企业的产品、服务质量就不能得到有效的保证。因此，企业应对质量控制活动的效果进行分析，发现不足之处立即着手改正，使质量控制活动真正发挥作用。

关键点提示

质量控制活动绩效分析的步骤包括：

1.选择分析项目；2.收集、汇总数据；3.运用分析方法，查找不良原因；4.制订改善策略。

4.5　如何制订检验计划

工作场景描述

当企业准备制订检验计划，确定产品质量检验计划的制订步骤时，可查看。

解读与分析

企业对产品、物料的品质进行控制的重要手段就是质量检验，因此企业要为整个产品质量检验活动制订检验计划。检验计划的内容除了包括制作检验流程图外，还包括测量和试验设备的配置，人员调配、培训、资格认可事项的安排，其他需要做特殊安排的事宜。

1.做好检验计划制订的准备工作

（1）熟悉与掌握产品的技术标准，图样及有关设计、工艺技术文件。

（2）掌握产品的工艺方案、工艺路线和流程。

（3）复核需要检测的质量特性，确切掌握其真正的含义与要求，发现有关部门对规定的理解不一致时，要取得权威性的统一解释。

（4）列出每个质量特性的规范要求。注意图样给出的、加工工艺文件规定的、内控质量标准要求的各方面的判定标准，以便考虑有关事项的安排。

（5）对非一般性的检测项目，应逐一弄清检验过程和方法，以便正确地提供条件并对作业进行指导。

（6）了解并考虑产品质量计划、采购质量计划、制造质量计划、工序质量控制计划对检验活动的要求，及其对检验活动构成的约束条件，进行充分协调。

（7）切实掌握企业现有的检测系统网络、人力及其素质、检测手段与能力情况。

（8）选择胜任的负责人，组织适当的人力，明确工作程序与进度，开展检验计划的编写工作。

2.制作检验流程图

（1）确定检验流程图的内容。检验流程图是表明产品生产整个过程中各项检验安排的一种流程图。它包括检验点的设置、检验项目、检验方式、检验手段、检验类别和检验数据处理等内容。它是检验计划的主要内容。

①检验点的设置。确定应该在何处进行检验。它是根据技术上的必要性、经济上的合理性和管理上的可行性来做具体安排的。

②检验项目。根据产品技术标准、工艺文件和图纸所规定的技术要求，列出质量特性表，并按质量特性缺陷严重程度，对缺陷进行分级，以此确定检验项目。

③检验方式。根据工序能力和质量特性的重要程度，明确采用自检、专检、定点检和巡回检等检验方法。

④检验手段。明确是采用理化检验，还是感官检验等其他检验手段。

⑤检验类别。明确是进行全数检验还是抽样检验。

⑥检验数据处理。规定如何搜集、记录、整理、分析和传递质量数据。

（2）设计检验流程图的标识符号。检验流程图的标识符号，企业可以自行设计规定，但一般应采用IE（工业工程）技术中的分析符号。检验流程图的标识符号有两类，即过程符号和检验符号。

通过查看和分析检验流程图，检验人员就能较全面地掌握生产过程中对检验工作的种种需要，以便确定如何更好地保证满足这些需要。

总之，制订产品质量检验计划是整个质量检验工作的重要内容，只有制订出产品质量检验计划，检验活动才可以正常进行。企业在制订产品质量检验计划时要认真制作检验流程图，一旦确定了检验流程图，也就完成了检验计划制订的主要工作。

关键点提示

制订产品质量检验计划的步骤包括：

1.做好检验计划制订的准备工作；2.制作检验流程图。

4.6　如何实施检验标识管理

工作场景描述

当企业要掌握各种物料和产品检验状态的标识方法时，可查看。

解读与分析

企业应规定不同检验状态所对应的标识种类及其管理办法，对进料、在制品、半成品及成品的检验状态进行控制，确保处于不同状态的物品不会混淆。检验标识管理的内容包括以下几个方面。

1.标识进货物料检验状态

（1）仓管将所收物料放入待检暂存区。

（2）对于检验合格的物料，在其合适的位置上贴上蓝色的“IQC检验合格”标签。

（3）检验不合格，但需做特采处理的物料，在其合适的位置上贴上橙色的“IQC特采接收”标签。

（4）检验不合格，但需做“加工/挑选使用”的物料，在其合适的位置上贴上黄色的“加工/挑选使用”标签。

（5）检验不合格，需做退货处理的物料，在其合适的位置上贴上红色的“IQC退货”标签。

生产过程中检查或自检发现单个不合格品时，在其相应部位贴上红色箭头纸，或将其放在有“不合格品”标识的容器中，或将其放在不合格品区域。

2.标识五金、塑胶车间QC巡检状态

（1）做好的产品放在机台旁待检。

（2）QC巡检判定的合格批，QC质检员在“半成品标识卡”上盖蓝色“QC巡检合格”章，或将其放在有“合格”标识的容器中，或将其放在合格区。

（3）QC巡检判定的不合格批，如做“返工（挑选）”处理，在其上贴黄色的“巡检返工（挑选）”标签。

（4）QC巡检判定的不合格批，如做“报废”处理，在其上贴红色的“巡检报废”标签。

（5）QC巡检判定的不合格批，如做让步接收处理，在其上贴橙色的“QC让步接收”标签。

3.标识五金、塑胶车间QA半成品入仓检验状态

（1）做好的产品放在待检区。QA正在检查的半产品，应挂上“QA正在检查”标牌。

（2）QA入仓检查判定的合格批，QA质检员在“半成品标识卡”上盖蓝色的“QA检查合格”章。

（3）QA入仓检查判定的不合格批，如做“返工（挑选）”处理，在其上贴黄色的“QA返工（挑选）”标签。

（4）QA入仓检查判定的不合格批，如做“报废”处理，在其上贴红色的“QA报废”标签。

（5）QA入仓检查判定的不合格批，如做让步接收处理，在其上贴橙色的“QA让步接收”标签。

4.标识装配车间检验工序QC检验状态

检验工序QC对产品进行全检，检验状态标识如下。

（1）经QC质检员检验合格的产品，QC质检员在产品上贴“QC PASS”标签，或用铅笔做一标记，或将产品放在合格区域。

（2）经QC质检员检验不合格的产品，QC质检员在产品的不合格位置贴坏机纸，或将其放入有“不合格”标识的容器中。

5.标识装配车间QA成品入仓检验状态

（1）做好的产品放在生产线尾端待检区。QA正在检查的产品，应挂上“QA正在检查”标牌。

（2）经QA质检员检验合格的产品，在产品的外箱上贴蓝色“QA PASS”标签。

（3）经QA质检员检验不合格的产品，如做“返工”处理，在其上挂黄色“QA返工”标牌，或贴上黄色“QA返工”标签。

（4）经QA质检员检验不合格的产品，如做“报废”处理，在其上贴红色“QA报废”标签。

（5）经QA质检员检验不合格的产品，如做“让步接收”处理，在其上贴橙色“QA让步接收”标签。

6.检验标识管理注意事项

（1）合格章应盖在标识卡的相应位置。标牌、标签、坏机纸、标记等检验标识均应置于明显而不影响使用的位置，各使用部门或人员应注意保持标识的牢固和完整。

（2）不合格区域应标明“不合格”字样。红色容器用来盛装不合格品，用其他颜色的容器盛装不合格品时，应有标明“不合格”的字样。

（3）品管部负责处理各类检验标识问题。

各有关部门应严格按照规定保护好各类检验标识，如发现标识不清或无标识的情况，应及时报告品管部。

总之，做好的检验状态标识工作，可以清晰地区分出处于不同检验状态下的各类物品，便于对这些物品进行处理，避免因混淆物品而影响生产品质。

关键点提示

检验标识管理的内容包括：

1.标识进货物料检验状态；2.标识五金、塑胶车间QC巡检状态；3.标识五金、塑胶车间QA半成品入仓检验状态；4.标识装配车间检验工序QC检验状态；5.标识装配车间QA成品入仓检验状态；6.检验标识管理注意事项。

4.7 如何进行产品抽样检验

工作场景描述

当企业进行产品抽样检验，需要掌握相关内容时，可查看。

解读与分析

抽样检验，是从一批产品中随机抽取样本进行检验，以判断该批产品是否合格的检验方式。抽样检验是相对于全数检验而言的，它以批处理产品为检验对象。抽样检验在国际上（包括我国在内）一般依据MIL—STD—105标准（将其改编成企业自己的标准）进行。抽样检验时，企业可以按照下列步骤进行。

1.明确检验的项目及规格

对于来料检验来说，依据零部件图纸、材料、要求等事项制成检验规格书；对于成品检验来说，依据成品的图纸及设计规格等，制成成品检验规格书。

2.划分质量缺陷等级

明确致命缺陷、严重缺陷、轻微缺陷等各种质量缺陷等级的具体划分、判定方法。

3.决定品质允收水准AQL

AQL有很多种，企业应根据自身特点及客户要求来确定。

4.决定检验水准

通常使用检验水准Ⅱ。

5.选定抽样方式

决定使用一次抽样还是多次抽样。根据从一批产品中一次抽取的样本的检验结果，决定是否接收该批，叫作一次抽样检验。一次抽样检验取决于样本量、接收数、拒收数。而多次抽样检验至多抽取k次（$k \geqslant 3$），在第k次抽取样本后必须做出接收或拒收的决定。

6.决定检验的严格程度

一般从正常检验开始。

7.确定批的构成

构成一批的单位产品的生产条件应当尽可能相同，即应当由原料、辅料相同，生产员工变动不大，生产时期大致相同等的单位产品组成。

8.查表得出样本代码

从企业的产品样本代码表中查出检验样本的代码。

9.由样本代码查出样本数

根据样本代码查出检验样本的数量。

10.抽取及检验样本

抽取样本后，按第一步制成的检验规格书进行检验。

11.判定批量

（1）若发现质量缺陷，则按第二步规定判定等级。

（2）决定不同等级缺陷允收水准AQL。

（3）缺陷数小于合格判定个数时，判定该批量合格；超过不合格判定个数时，则判定该批量不合格。

（4）判定各种质量缺陷等级（致命缺陷、严重缺陷、轻微缺陷）的合格、不合格标准。

所有的等级都合格，则判定该批量合格；而不管是哪一个等级不合格，就判定该批量不合格。

12.处置检验批

如果检验合格，则将该批入库或出货；如果不合格，则退回供应商或制造生产部门。

总之，抽样检验是产品检验的重要方法，企业可根据自身产品的情况，结合MIL—STD—105抽样方案，实施抽样检验。

MIL—STD—105抽样方案是最具代表性的调整型抽样方案。所谓调整型抽样方案，其实是指一组宽严程度不同的抽样方案以及与它们有机联系起来的转移规则。它的检验水准常用的有一般检验水准Ⅰ、Ⅱ、Ⅲ和四个特殊检验水准S-1、S-2、S-3、S-4。一般检验水准最常用，除了特别规定使用别的检验水准外，通常使用检验水准Ⅱ。特殊检验水准S-1、S-2、S-3、S-4，一般在破坏性检查时采用。

关键点提示

产品抽样检验的主要步骤包括：

1.明确检验项目及规格；2.划分质量缺陷等级；3.选定抽样方式；4.抽取及检验样本；5.处置检验批。

4.8 如何进行进料检验

工作场景描述

当企业要对进厂物料进行检验，并对检验结果做出处理时，可查看。

解读与分析

进料检验（Incoming Quality Control，IQC）又称来料检验，是企业制止不良物料进入生产环节的首要控制点。进料检验由品管部IQC质检员进行，检验方式和方法的选择对于检验的效果影响很大。厂购时双方应以购置合同内定的品质项目及验收条件为基础进行检验，以加强供料的品质管理并减少争议。

1.选择进料检验方式

（1）全检，适用于来料数量少、价值大、不允许有不合格品或企业指定进行全检的物料。

（2）免检，适用于大量低值辅助性物料，或经认定的免检厂进料，以及生产急用而特批免检的物料。对于后者，IQC应跟踪生产时的物料品质状况。

免检并不意味着不进行“验证”，企业以供方（供应商）的合格证或检验数据为依据，决定接收与否。对于实施免检的产品，有必要采用抽样检验方式核实免检品的品质。一旦发现免检品有缺陷，就应采用正常的检查方法。同时，在使用中一旦发现免检品有品质问题，也应即刻导入正常的检查方法。

（3）抽样检验，适用于平均数量较多、经常性使用的物料。一般企业均采用此种验货方式。抽样检验又可分为以下几种。

①规准型抽样检验：在权衡供需双方利益与损失的前提下，来判断送检批是否合格。该方法应用较广。

②AQL抽样检验。

一般AQL抽样检验适用的情况如下。

a.向不同供应商连续采购同类货品时。

b.货品被判为不合格，供方损失较大时。

c.合格标准的送检批，尽可能允收时。

③调整型抽样检验。按供应商以往业绩和该送检批检验结果采用正常检验、严格检验、减量检验。

④连续生产型抽样检验。适用于大量连续生产的产品、物料不断流动时。

⑤选别型抽样检验。对判为不合格的送检批，进行全数检验，并将全检后的拒收品退给供应商，换回同等数量的合格品。

使用规准型还是选别型，可视物料市场供给状况来确定。正常情况下使用规准型，如有缺料，可使用选别型。

2.确定进料检验项目与方法

外观检测：一般用目视、手感、限度样品进行验证。

尺寸检测：一般用卡尺、千分尺、塞规等量具验证。

结构检测：一般用拉力器、扭力器、压力器验证。

特性检测：如电气、物理、化学、力学特性，一般采用检测仪器和特定方法来验证。

3.确定进料检验结果的处理方式

（1）允收。经IQC质检员验证，不合格品数低于限定的不合格品个数时，则判定该批进料允收。IQC质检员应在验收单上签名，盖“检验合格”印章，通知货仓收货。

（2）拒收。若不合格品数大于限定的不合格个数，则判定该送检批为拒收。IQC质检员应及时填制IQC退货报告，经相关部门会签后，交货仓部、采购部办理退货事宜，同时在该送检批货品外箱标签上盖“退货”章。

（3）特采。所谓特采，即进料经IQC质检员检验，品质低于允许水准，IQC质检员虽提出“退货”的要求，但企业由于生产的原因而作出“特别采用”的决定。若非迫不得已，应尽可能不启用“特采”，即使启用，也要按严格的程序办理。处理方式有以下几种。

①偏差。送检批物品全部不良，但只影响企业生产速度，不会造成产品最终品质不合格。在此情况下，经特批，予以接收。此类物品，由生产部、品管部按实际生产情况，估算出耗费工时数，对供应商做扣款处理。

②全检。送检批不合格品数超过规定的允收水准，经特批后，进行全数检验。选出其中的不合格品，退回供应商，合格品办理入库或投入生产。

③重工。送检批几乎全部不合格，但经过加工处理后，货品即可接收。在此情况下，由企业抽调人力进行物品再处理。IQC质检员对加工后的物品进行重检，对合格品进行接收，对不合格品，开出IQC退货报告，交相关部门办理退货。此类物品由IQC质检员统计加工工时，对供应商做扣款处理。

4.紧急放行

紧急放行是进料检验中的一种特殊情况，是指因生产急需，来不及验证就放行物料的一种做法。对紧急放行的物料，要明确做出标识和记录，以便一旦发现不符合规定要求的物料，能及时追回和更换。一般在下列情况下才允许紧急放行：发现的不合格物料在技术上可以纠正，并且在经济上不会产生较大损失，也不会影响相关零部件质量。

总之，进料检验是控制产品品质的第一道关口，企业要认真选择检验方式和方法，对物料进行仔细检验，这样才能避免不良物料进入生产系统，影响产品品质。

关键点提示

进行进料检验时要做好以下工作：

1.选择进料检验方式；2.确定进料检验项目与方法；3.确定进料检验结果的处理方式；4.紧急放行。

4.9　如何实施生产过程检验

工作场景描述

当企业要对从进料入仓后直至成品装配前的全过程进行检验时，可查看。

解读与分析

机加工、冲压、注塑过程中一般要实施首件检验，流水线装配过程中一般不实施首件检验。首件检验一般采用“三检制”，即先由操作者自检，再由班组长或质量员复检，最后由检验员专检。

生产过程检验（IPQC）指进料入仓后，至成品组装完成之前所进行的质量检验活动。各个生产环节出了问题都可导致不合格品的产生，因此对生产过程进行检验是十分必要的。生产过程检验要做好以下工作。

1.首件检验

首件检验，是在生产开始时或生产要素调整后对制造的第一件或前几件产品进行的检验，目的是尽早发现生产过程中影响产品质量的系统因素，防止产品成批报废。

（1）检验人员应按规定在检验合格的首件上做出标识，并保留到该批产品完工。

（2）首件未经检验合格，不得继续加工或作业。

（3）首件检验必须及时，以免造成浪费。首件检验后要保留必要的记录，如填写首件检验记录表。

（4）巡回检验的重点，是关键程序。

2.巡回检验

巡回检验，是指检验员在生产现场按一定的时间间隔对有关工序的产品和生产条件进行监督检验。

（1）巡回检验不仅要抽检产品，还需检查影响产品质量的生产因素（4M1E——人、机、料、法、环境）。巡检一般以抽查产品为主，而对生产线的巡检，以检查影响产品质量的生产因素为主。生产因素的检查内容包括以下几个方面。

①当人员有变化时，对人员的教育培训以及评价有无及时实施?

②设备、工装在日常使用时，有无定期进行检查、校正、保养?是否处于正常状态?

③物料和零部件在工序中的摆放、搬送及拿取方法是否会造成不良影响?

④不合格品有无明显标识并放置在规定区域?

⑤工艺文件（作业指导书之类）能否正确指导生产?是否齐全并得到遵守?

⑥产品的标识和记录能否保证可追溯性?

⑦生产环境是否能满足产品生产的需求?有无产品、物料散落在地面上?

⑧对生产中的问题，是否采取了改善措施?

⑨员工的技能能否胜任工作?

⑩生产要素变换时是否按要求通知检验人员进行验证?

（2）巡检的项目、方法、频率事先设计好，列于巡检表中，巡检后要做好必要的记录。巡检中发现的问题应及时指导作业者或联系有关人员加以纠正。问题严重时，要适时向有关部门发出纠正和预防措施要求单，要求其改进。

3.在线检验（序间检验）

在流水线生产中，完成每道或数道工序后所进行的检验，称为在线检验。一般要在流水线中设置几道检验工序，由生产部门或品质管理部门在此进行在线检验。

（1）设置检验工序时，应该考虑以下因素。

①全部质量特性重要性分级为A级的质量特性，少数为B级的质量特性以及关键部位。

②工艺上有特殊要求，对下道工序的加工、装配有重大影响的项目。

③内外部质量信息反馈中出现质量问题多的薄弱环节。

检验工序的设置不是永久不变的。对于工序质量不稳定、不合格品多或用户反馈的项目等，只需设置短期的检验工序。当这些质量不稳定因素得到了有效控制，工序处于稳定状态后，该检验工序就可以撤销。

（2）实施工序检验。

①用文件形式明确质量控制点，可以用工艺流程图或检验工序明细表等文件形式明确检验工序，确定需控制的产品质量特性。

②编制检验工序作业指导书及有关表格。

③做好检验工序所用检测设备的维护保养工作。

④培训检验工序的操作者，考核合格后持证上岗。

4.完工检验

完工检验是指对全部加工活动结束后的半成品、零件进行的检验。完工检验的工作内容包括验证前面各工序的检验是否已完成，检验结果是否符合要求，即对前面所有的检验数据进行复核。检验人员应该按照作业指导书、产品图样、抽样方案等有关文件的规定，做好完工检验工作。其重点如下。

（1）核对加工件的加工程序是否全部完成，有无漏序、跳序的现象存在。在批量完成的完工件中，有无尚未完成或不同规格的零件混入。必要时采取纠正和预防措施，以防止问题再次发生。

（2）核对被检物主要质量特性值是否真正符合规范要求。

（3）复核被检物的外观，对倒角、毛刺、磕碰、划伤应予以特别注意。

（4）检查被检物应有的标识、标志是否齐全。

总之，进行生产过程检验可以评估生产过程的稳定性并预知生产过程发展的趋势，以便在不合格品产生前就采取有效的预防措施，及早发现不合格迹象，采取措施，以防止大量不合格品产生。

关键点提示

生产过程检验的内容包括：

1.首件检验；2.巡回检验；3.在线检验；4.完工检验。

4.10 如何进行半成品检验

工作场景描述

当企业要详细了解半成品检验的步骤时，可查看。

解读与分析

半成品可能会转入下一个加工环节进行加工，也可能会直接入仓。企业应对半成品进行检验，对半成品的品质进行监控。半成品检验的内容包括以下几点。

1.实施半成品制程的品质检验（PQC）

PQC检验为物料入仓后至半成品入仓前的检验，主要为半成品制造现场各部门品质检验。

（1）设置检验点。检验点设在何处，主要根据该在制品不稳定因素确定，不稳定因素具体如下。

①该产品以前生产有异常，有较高不良品的记录。

②使用的生产设备不稳定。

③工艺装备有过不良情况。

④得到IQC对不良物料的信息反馈。

⑤新员工操作。

⑥新产品、新材料、新设备的投入。

（2）进行制程检验。

①进行首件检验。在每款产品、每台机器正式生产前，PQC质检员要进行首件检验，并将检验结果记录于制程首件检验记录表中。

②核对生产资料。在每款产品、每台机器正式生产时，PQC质检员应对领用的物料、设备状态、使用的工模具、作业指导书的版本进行核对。

③进行PQC巡检。PQC质检员在进行巡检时，要不间断地按机台、工位逐次巡检，在生产高峰期，应保持每1~1.5小时巡检一次。特别时期，可向部门申请人力援助，以保证巡检密度。

（3）按产品品质标准进行检验，检验项目如下。

①外观：目视、手感及参照生产样品进行验证。

②尺寸：运用量具检测。

③功能特性：可用检测仪器进行验证，必要时取样给QE工程师做试验。

④机器运行参数：将实际参数与产品工艺指导单上的数据进行对比。

⑤产品物料摆放：检查产品、物料、边角废料、不合格品是否摆放在规定的区域。

⑥环境：检查环境是否清洁，是否有产品、物料散落在地面上。

⑦员工作业方法：检查员工是否按规定制度操作机器，更换产品时是否通知PQC质检员到场验证（包括修机、修模、换料）。

⑧物料、产品、机器标识状态：检查物料、产品、机器标识是否正确，如发现标识有误、标识不清或无标识，应及时予以处理，以确保不同状态的物品、机器不会混淆。

2.实施半成品的品质检验（FQC）

（1）设置检验点。PQC是对生产过程做出的品质巡回检验，属于一种阶段性检验，而FQC主要是针对完工产品进行的品质验证，以确定该批产品可否流入下一道工序，属于定点检验，所以FQC的检验点一般都设在工序终点。

（2）确定FQC的检验项目与检验方法。FQC除重复PQC对产品外观、尺寸、用料的品质检验外，还特别注重以下几方面的检验。

①结构性检验：按工艺图及品质标准检验。

②功能性检验：进行公差测量，保证产品在装配阶段不受影响。

③特性检验：检验产品物理、化学特性是否产生变化及对产品品质的影响程度。

④装箱数量准确性检验：检验装箱数量是否与要求的一致，如数量有出入，按多退少补的原则予以调整。

（3）确定检验方式。FQC在对产品进行品质检验时，一般采用抽样方式进行检验，按预定的AQL值来判定检验是否允收。

（4）反馈与处理品质异常。

①FQC可判定情况。根据不合格程度，对不合格批产品做出返工、重检、退料、挑选、报废等处理决定。

②FQC不可判定情况。对此种不合格品，FQC可请求上级予以判定，并按判定意见予以标识，监督相关部门进行隔离存放。

FQC根据当班的验货结果，填制FQC半成品抽查日报表，经被检部门签认后，一联交品质管理部存档，另一联交被检部门保存。

总之，半成品检验是品质检验工作的重要组成部分，企业应对半成品进行制程检验和完工检验，保证将合格的半成品送入下一道工序或仓库。

关键点提示

半成品检验包括以下两项工作：

1.实施半成品制程的品质检验；2.实施半成品的品质检验。

4.11 如何进行产品装配与包装检验

工作场景描述

当企业要详细了解产品装配与包装检验的过程时，可查看。

解读与分析

产品装配与包装是产品的最后生产加工环节，经过此环节后的产品将会入库或直接发给客户，因此企业要把好这一关口。产品装配与包装检验包括以下内容。

1.产品装配与包装的品质检验（PQA）

PQA控制是半成品装配到成品入库前的控制，主要涉及半配部（或称包装部）的生产作业。

（1）设置PQA控制点。

①开拉首件产品的确认。

②拉头工单资料的检查。

③包装配件、唛纸、纸箱的确认。

④检查生产、包装过程中是否存在不稳定因素。

⑤得到PQC和IQC或其他途径的不良信息反馈。

⑥新员工操作。

（2）实施PQA。

①核对生产资料，包括装配生产通知单，包装规范，物料、零件规格（BOM）等。

②签收包装样板，即进行首件确认。

③验证配件、纸箱等。

④过程巡检。确定检验项目与检验方法。

产品外观：运用目视、手感检测，并与样品核对。

产品尺寸：运用量具检测，并与产品检验标准核对。

产品结构：与产品包装规范核对。

产品功能：如扭力、拉力、压力等物料特性，按产品检验标准进行检验。

纸箱唛纸：与箱盒资料、唛纸资料等核对。

模拟测试：按产品检验标准的相应要求测试。

⑤制作PQA巡检记录。PQA质检员根据当班的实际巡检结果，将具体情况按类别及时填写在PQA巡检日报表的相应栏目里。如当班有品质改善的行为，需将相关成品检验

报告的检验编号填在日报表的不合格处理的备注栏内。

⑥品质异常的反馈与处理。PQA质检员若在巡检中发现不合格品，需及时填制成品检验报告，经审核后交装配部，由装配部对不合格品进行改善，同时跟踪改善结果，直至产品合格为止。

2.产品装配与包装的品质控制（FQA）

（1）设置控制点。FQA属于定点检验，其控制点均设在关键工序和产品终端，具体如下。

①半成品出仓检验。

②对零件、配件、包装材料与唛纸等的检验。

③新产品检验。

④包装成品入仓检验。

⑤特殊工序点的品质检验。

（2）实施FQA。

①确定检验批的构成。

②确定抽样类型。

③确定AQL值。

④明确检验项目与检验方法。

⑤处理不合格品。

⑥做好验货记录。

（3）确定FQA检验项目。

①待装产品，外观、尺寸、结构、功能、特性等方面与PQA相同。

②纸箱、唛纸。

③成品。

④包装效果。

⑤纸箱唛头的填制规范。

⑥成品装箱数量。

总之，进行产品装配与包装检验是生产加工环节的收尾工作，企业应该把好这一重要的品质控制关口，将合格品送入仓库或发给客户。

关键点提示

产品装配与包装检验的过程包括：

1.产品装配与包装的品质检验；2.产品装配与包装的品质控制。

4.12 如何进行成品入库检验

工作场景描述

当成品入库，需对其进行入库检验时，可查看。

解读与分析

经过一系列的加工活动，成品被生产出来，在成品入库时还要对其进行检验。进行成品入库检验时要掌握以下内容。

1.确定检验标准

（1）数量（N）不大于50时，采用全检方式，合格品入库，不合格品退回车间返工。

（2）数量（N）大于50时，可采用以下两种方式。

①$51 \leq N \leq 150$时，规定样本量$n=20$。

规定判断标准——严重不良：（Ac，Re）=（0，1）；轻微不良：（Ac，Re）=（1，2）。

其中，Ac代表合格判定数，Re代表不合格判定数。

②$N \geq 151$时，采用正常检查一次抽样方案（MTL—STD—105E）。几个主要要素如下。

检查水准：Ⅱ。

合格质量水平：严重不良/AQL=1.0；轻微不良/AQL=2.5。

2.明确检验要求

（1）产品检验前，应首先查看内外箱、彩盒、胶袋是否用错，如用错，则整批退回车间返工。

（2）产品检验前，按生产通知单的要求，查看随产品发出的配件、资料（包括说明书、保证卡等）是否齐全，如不齐全或装错，则整批退回车间返工。

（3）如发现产品混装，则整批退回车间返工。

总之，成品入库检验是生产加工过程的最后关卡，企业应认真检验，保证存入仓库的都是合格品。

关键点提示

进行成品入库检验时要掌握以下内容：

1.确定检验标准；2.明确检验要求。

4.13 如何实施成品出货检验

工作场景描述

当企业从仓库中提取成品，要对其进行出货检验时，可查看。

解读与分析

企业接到客户的订单后，应从仓库中提取相应的产品发给客户。在成品出货的过程中，要对成品进行检验，以保证送到客户手中的产品没有不合格品。出货检验的过程如下。

1.提前通知

业务部根据成品出货日期，提前三天通知品管部验货。

2.验货准备

品管部在正式验货前1小时，通知货仓部进行验货准备。

3.将货品运到“验发区”

货仓部根据品管部的验货通知内容，将待验订单货品全数运到“验发区”，并挂“待验”标志牌。

4.准备资料、样品

品管员针对待验货品，准备相应的资料、样品。

5.产品品质检验

品管员根据客户订单或产品规格，确定抽样计划，对出货产品质量进行检验。检验内容如下。

（1）外观检验。检查产品是否变形、受损，配件、组件、零件是否松动、脱落、遗失。

（2）尺寸检验。检查产品尺寸是否符合规定，零配件尺寸是否符合要求，包装袋、包装盒、外箱尺寸是否符合要求。

（3）特性检验。检验产品的物理、化学特性是否产生变化及对产品品质的影响程度。

（4）寿命试验。在模拟状况下和破坏性试验状况下，检测产品寿命。

（5）测定产品抗冲击能力。测定产品抗拉力、抗扭力、抗压力、抗震力等方面是否符合品质要求。

（6）检查产品包装和标识。

①检查产品的包装方式、包装数量、包装材料的使用是否符合要求。

②检查标识纸的粘贴位置、标识纸的书写内容、外箱相关内容的填写是否规范。

③检查纸箱外包装是否有品检“PASSED”印章。

6.判定不合格品

品管员根据产品品质标准判定抽检中出现的不合格品数量，若有品管员无法判定的产品，可先填写品质抽查报告，连同不合格样品，交品管部主管判定。品管员根据最终仲裁结果，确定不合格品处理意见。

7.判定与标识验货结果

（1）品管员根据不合格品的确认结果，判定该批产品是否允收。

（2）对允收批（单）产品，品管员在其外箱逐一盖“QA PASSED”印章，并通知货仓部将产品运送入库。

（3）对拒收批（单）产品，品管员挂“待处理”牌，相关人员货仓不得擅自移动此类产品。

8.产品的补数和返工、返修、报废

品管部根据检验结果，确定送检批产品的允收情况，并书面通知生产部进行补数、返工、返修。

（1）补数：品管员确认该批产品允收，但生产部需按查验出来的不合格品数量进行补数。

（2）返修：经检验，品管员发现整批有较多的产品存在轻微缺陷，且已超过允收数量，由品管部发出产品返工/返修通知，要求生产部门予以返修。在产品返修过程中，品管部应派人到生产现场对返修过程进行监督，并对返修后的产品进行重检，直到产品合格为止，并在合格品外箱逐一盖“QA PASSED”印章。

（3）返工：当经确认的不合格品率已超过品质允收标准（AQL）时，品管部须填发产品返工/返修通知，要求生产部及时返工，返工过程的品质控制由现场QC负责。产品返工完成后，生产部须通知品管员到场对产品进行重检，直到产品合格为止，并在合格品外箱逐一盖“QA PASSED”印章。

（4）报废：对严重不合格的产品，品管员应及时填制报废申请单申请报废。批准后，报废品由货仓部运到废品区进行处理。

9.进行验货记录

品管员在完成所有验货后，及时填制成品出货检验报告，交品管部主管签批，并将此期间产生的所有表单一起交品管部存档，品管员只保留“品管工作日志”。

如有客户QC验货，由品管部派人陪同，验货程序同品管员验货程序一样，但要使用客户QC验货记录单。验货完成后，由陪同的品管员将客户QC验货记录单（一式二份）交品管部主管签名，一份由品管部自行保存，另一份交客户QC。

总之，企业要保证送到客户手中的是合格的产品。要想达到这个目的，除了要对生产过程进行检验外，还要在成品出货前进行检验，实施产品出厂前最后的品质控制。

关键点提示

成品出货检验的过程包括：

1.提前通知；2.验货准备；3.将货品运到“验发区”；4.准备资料、样品；5.产品品质检验；6.判定不合格品；7.判定与标识验货结果；8.产品的补数和返工、返修、报废；9.进行验货记录。

4.14　如何分析不合格品产生的原因

工作场景描述

当企业要找出不合格品产生的原因时，可查看。

解读与分析

不合格品产生的原因主要集中在产品设计、生产工序、生产物料采购等环节。错误的操作方法、不良物料及错误的设计都可导致不合格品的产生。具体说来，不合格品的产生与以下几方面有关。

1.产品开发与设计

（1）产品设计中的制作方法不明确。

（2）图样绘制不清晰，标注不准确。

（3）产品设计尺寸与零部件尺寸不符。

（4）对废旧图纸的管制不力，造成生产中误用废旧图纸。

2.机器与设备管理

（1）机器安装与设计不当。

（2）机器设备长时间无校验。

（3）刀具、模具、工具品质不良。

（4）量具或检测设备精度不够。

（5）温度、湿度及其他环境条件对设备的影响。

（6）设备加工能力不足。

（7）机器设备维修保养不当。

3.材料与配件控制

（1）使用未经检验的材料或配件。

（2）错误地使用材料或配件。

（3）材料、配件的品质变异。

（4）使用让步接收的材料或配件。

（5）使用替代材料，而事先无精确验证。

4.生产作业控制

（1）片面追求产量，而忽视质量。

（2）操作员未经培训即上岗。

（3）未编制生产作业指导书。

（4）对生产工序的控制不力。

（5）员工缺乏自主品质管理意识。

5.品质检验与控制

（1）未制订产品品质计划。

（2）试验设备超过校准期限。

（3）品质规程、方法、应对措施不完善。

（4）没有形成有效的质量控制体系。

（5）高层管理者的品质意识不够。

（6）品质标准不准确或不完善。

不合格品是企业不愿看到的，但又是很难避免的，企业要从不同的方面分析不合格品产生的原因，只有找出主要影响原因后，才可以实施改进措施。

关键点提示

不合格品产生的原因与以下几方面有关：

1.产品开发与设计；2.机器与设备管理；3.材料与配件控制；4.生产作业控制；5.品质检验与控制。

4.15　如何标识不合格品

工作场景描述

当企业要准确把握不合格品的标识方法时，可查看。

解读与分析

为了确保不合格品在生产过程中不被误用，企业所有的外购货品、在制品、半成品、成品以及待处理的不合格品均应有品质标识。

1.选择标识物

（1）标识牌。

①标识牌是用木板或金属片做成的小方牌，按货品属性或处理类型将相应的标识牌悬挂在货物的外包装上。

②根据企业标识需求，标识牌可分为“待验”牌、“暂收”牌、“合格”牌、“不合格”牌、“待处理”牌、“冻结”牌、“退货”牌、“重检”牌、“返工”牌、“返修”牌、“报废”牌等。标识牌主要用于大型货物或成批产品的标识。

（2）标签纸或卡片。该标识物一般为一张标签纸或卡片，通常也称为箱头纸。在使用时将货品判别类型标注在上面，并注明货品的品名、规格、颜色、材质、来源、工单编号、日期、数量等内容。在标识货品品质状态时，QC质检员按货品的品质检验结果在标签纸或卡片的“品质”栏内盖相应的QC标识印章。

（3）色标。色标一般为一张正方形（2cm×2cm）的有色粘贴纸。它可直接贴在货品表面规定的位置，也可贴在货品的外包装或标签纸上。色标的颜色一般分为绿色、黄色、红色三种，不同颜色的含义如下。

①绿色：代表受检货品合格，一般贴在货品表面右下角易于看见的地方。

②黄色：代表受检货品品质暂时无法确定，一般贴在货品表面右上角易于看见的地方。

③红色：代表受检货品不合格，一般贴在货品表面左上角易于看见的地方。

标识可分为量具、刀具、工具、检验器材、生产设备的校验结果标识，大型产品品质标识，全检产品品质标识，模具状态标识，大型型材等特殊货品品质标识。

2.应用标识物

（1）标识进料不合格品。品管部在实施IQC检验时，若发现进料中存在不合格品，且数量已达到或超过企业进料品质允收标准，则IQC验货人员应即时在该批（箱或件）进料的外包装上挂上“待处理”标牌。报请部门主管或经理裁定处理后，按最终审批意见改挂相应的标识牌，如“暂收”“挑选”“退货”等。

（2）标识制程中的不合格品。在生产现场的每台机器旁，每条装配拉台、包装线或每个工位旁边一般应设置专门的“不合格品箱”。对于员工自检出的或PQC质检员在巡检中判定的不合格品，员工应主动地将其放入“不合格品箱”中，待该箱装满时或该工单产品生产完成时，由专门的员工清点数量，并在容器的外包装表面指定位置贴上标签纸，经所在部门的QC质检员盖“不合格”或“REJECT”印章后，搬运到现场划定的“不合格”区域整齐摆放。

如果工厂内部对成批货品品质无法确定，需要外部确认，则QC质检员可在该批货品外包装上挂上“待处理”或“冻结”标牌，以示区别。此类货品应摆放在工厂或现场划定的“周转区”，等待处理结果。

（3）标识仓存不合格品。QA质检员定期对仓存货品的品质进行评定，对于其中的不合格品，由仓库集中装箱或打包。QA质检员在货品的外包装上挂“不合格”标识牌或在箱头纸上逐一盖“REJECT”印章。对暂时无法确定是否不合格的货品，可在其外包装上挂“待处理”标识牌，等待处理结果。标签纸或卡片主要用于装箱产品和堆码管制的产品或材料、配件，一张标签纸或卡片只能标注同类货品。

总之，对不合格品进行科学标识，有利于企业工作人员认识、区分这些不合格品，避免错误使用，从而影响产品的整体品质。

关键点提示

1.可选择的不合格品标识物包括：

（1）标识牌；（2）标签纸或卡片；（3）色标。

2.标识物一般用于：

（1）标识进料不合格品；（2）标识制程中的不合格品；（3）标识仓存不合格品。

4.16　如何隔离不合格品

工作场景描述

当企业要将不合格品单独隔离，避免被误用时，可查看。

解读与分析

不合格品应区别于其他产品、物料而单独放置，以避免被工作人员误用。企业在隔离不合格品时要做好以下工作。

1.规划不合格品区域

在各生产现场（制造、装配或包装）的每个工位旁边，均应配有专用的不合格品箱或袋，用来收集生产中产生的不合格品。

在各生产现场（制造、装配或包装）的每个工位旁边，要专门划出一个专用区域，用来摆放不合格品箱或袋，该区域即“不合格品暂放区”。请注意：此区域的不合格品摆放时间一般不超过8小时，即当班工时。

各生产现场和楼层要规划出一定面积的“不合格品摆放区”，用来摆放从生产线上收集来的不合格品。所有的“不合格品摆放区”均要用有色油漆进行画线，注明文字；区域面积的大小视该单位产生的不合格品的数量而定。

一般来说，任何不合格品区域只能摆放本部门产生的不合格品，不得摆放合格的产品或物料、配件。

2.放置标识

对于QC质检员判定的不合格品，所在部门无异议时，由货品部门安排人员将不合格品集中打包或装箱，QC质检员在每个包装物的表面盖上“REJECT”印章后，由现场杂工送到“不合格品摆放区”，按类型堆栈、叠码。

对于QC质检员判定的不合格品，所在部门有异议时，由部门管理人员与所在部门的QC组长以上级别的品质管理人员进行交涉。若不能在2小时内解决，则由QC部挂“待处理”标识牌，现场派杂工将货品送到QC部指定的位置摆放。该批货品最终如何处理，由品管部向上级寻求处理意见。

3.管制不合格品区域货品

（1）不合格品区域内的货品，在没有品管部的书面处理通知时，任何部门或个人不得擅自处理或动用。

（2）对不合格品的处理必须要在品管部的监督下进行。

①报废。QC质检员在货品外箱上逐一盖上“报废”印章后，由杂工送到企业划定的“废品区”进行处理。

②返工。QC质检员在货品外箱上逐一盖上“返工”印章或挂“返工”标识牌后，责成有关部门进行返工。

③条件收货。QC质检员接到收货通知后，去掉所有不合格标识，外箱上若有不合格字样，则用绿色色带覆盖。

④其他对不合格品的处理决定，均由品管部按处理通知协助相关部门进行妥善处理。

总之，隔离不合格品可以使企业工作人员都能清楚地区分不合格品，避免因错用不合格品而造成产品品质低下，影响企业的正常生产。

关键点提示

隔离不合格品时要做好以下工作：

1.规划不合格品区域；2.放置标识；3.管制不合格品区域货品。

4.17　如何评审不合格品

工作场景描述

当企业要对不合格品进行评审时，可查看。

解读与分析

企业生产过程中不合格品是很难避免的。生产各部门发现存在不合格品后应向上级主管部门提出申请，并由负责部门进行评审。不合格品的评审可以按以下步骤进行。

1.提出不合格品处置申请

存在不合格品的部门，必须于当天就不合格品的处置提出申请，在申请单上注明不合格品产生的原因后，交品管部复查与评审。

2.核查申请

品管部按不合格品隔离管制表，核查申请处理的品别、数量是否齐全，不合格品产生的原因是否正确。如有误，则退回申请部门修正；如无误，则安排QC组和以上级别人员到场初审。

3.复审及判定

初审结束后，初审员填制不合格品评审报告，交QC部主管复审及判定。

4.终审及判定

QC部主管按产品不合格程度、初审员的初审判定意见和申请部门的处理建议，进行综合分析后，决定最终评审方式及判定结果。

（1）符合性评审（QC评审）。如相关部门对初审判定结果无异议，则由QC主管签批不合格品处置方式，并按此方式进行不合格品的处理。

（2）分级处理。

①如相关部门对初审判定结论有异议，则由QC部主管召集相关部门开会讨论。就不合格品处理方式的讨论可包括以下几方面内容：可否实行偏差接收；可否进行挑选；可否进行返工、返修或其他处理；可否转为暂存、退货或报废；整体分解后，合格部件可否做辅料用。

②相关部门负责人就讨论意见，在不合格品评审报告相应栏签名证实。

③QC部主管将各部门签名后的不合格品评审报告交总经理审批。

5.安排处理

QC部按最终审批意见，安排不合格品的处理事项，并对处理过程进行跟踪监督与记录。

（1）返工。QC部将批准返工的不合格品交相关部门进行返工。QC质检员跟踪返工过程，记录返工工时，交QC部处理。

（2）挑选。QC部按批准挑选的意见，与包装部协商借调人力进行挑选。QC质检员跟踪挑选过程，随时提供挑选指导并记录挑选工时，交QC部处理。

（3）条件收货。QC部按批准意见，通知相关部门收货。

6.重新验证

所有特采完工后的产品均需QC部进行再验证。对于允收品，由QC部填写入仓单，通知仓库收货；不合格品则由QC部填制报废单或退货单，申请退货或报废。

7.QC部对允收品进行分类标识

（1）将进行返工处理后的允收品及挑选出的允收品，按规定数量放入包装箱中，在每个外箱上盖“特采”印章，以示区别。

（2）对条件收货的允收品，在其外箱上也盖“特采”印章。

（3）对暂收品，在其外箱上盖“暂收”印章。

（4）QC部对允收品和暂收品的标识一定要清晰醒目。

总之，生产过程中，出现不合格品是每个企业都会遇到的现象。各部门发现不合格品后要向上级主管部门提出申请，由QC部进行评审，做出相关处理决定，对那些有使用价值的不合格品要重新利用，避免浪费。

关键点提示

评审不合格品的步骤包括：

1.提出不合格品处置申请；2.核查申请；3.复审及判定；4.终审及判定；5.安排处理；6.重新验证；7.QC部对允许品进行分类标识。

4.18　如何处理不合格品

工作场景描述

当企业需要处理不合格品时，可查看。

解读与分析

不合格品经过评审后要对其进行处理，不同的不合格品的处理方式是不同的。企业在处理不合格品时可采用以下几种方式。

1.条件收货（AOD）

条件收货中的“条件”，通常是指对供货商进行扣款或要求供货商按不合格品数量进行补货。不合格品经局部修整后，可接收或直接使用，且不会影响产品的最终性能时，在品质上可视为允收品。对此类产品的接收，也称为“让步接收”或“偏差接收”。当该批来货被特许进厂后，IQC质检员应在该批来货上做“特采”标记，并将验货信息传递给来货使用部门和该部门的PQC质检员，以备相关部门做出应对。

2.拣用

来货基本合格但其中存在一定数量的不合格品时，在入仓前或使用前，由企业安排人力将不合格品剔除掉，再将来货入仓或投入生产，这一过程称为来货拣用。如果该批来货未经挑选即投入使用，由使用部门边挑选边使用，则称为挑选性收货。

3.返工与返修

返工、返修是指对不合格品进行重新加工和修理，使产品品质达到规定要求。QC部在对返工、返修作业进行管理时，主要应做好以下几方面工作。

（1）掌握好品质允收标准，并向返工与返修人员阐明品质要求与要点。

（2）掌握并运用好在制品品质检验与试验的方法。

（3）记录返工、返修品的品名、规格、数量。

（4）对返工、返修品进行重检。

4.退货

退货是指因来货品质不合格，经QC部鉴定后，将来货退回发货部门。不论被退的货品是自制的还是外购的，QC部在做出退货决定前，都应做如下考虑。

（1）来货可否可按其他方式接收，如挑选、返修？

（2）所退的货品是否为产品的重要组成部分？若被使用，对产品的最终品质是否会造成严重影响？

（3）若进行退货，是否会造成生产线的停工待料？

（4）如若来货被强行使用会造成重大品质隐患，则一定要退货。

5.报废

QC部在做出物料报废决定前，应做如下考虑。

（1）若进行报废，是否会造成较大经济损失？

（2）是整体报废，还是部分报废？产品的组件可否拆卸下来转作他用？

（3）进行批量报废时，报废批中是否能检出部门允收品？

总之，货品的报废将直接造成企业的经济损失，品管部在收到货品的报废申请时必须认真核对，并指派QC部主管或主管助理级的品质管理人员亲临现场核查，在确定所申请的货品确实无法再利用时，方可签署报废申请。

关键点提示

不合格品的处理方式包括：

1.条件收货；2.拣用；3.返工与返修；4.退货；5.报废。

4.19　如何进行不合格品的记录

工作场景描述

当企业要详细了解不合格品的记录方式和内容时，可查看。

解读与分析

企业应对不合格品产生一直到处理完成为止的整个过程进行记录，清楚地表明不合格品的产生原因，评审、处理过程和改善后的效果等内容，以便企业全面、准确掌握不合格品的各方面情况，进而改进品质管理工作，提高产品质量。企业进行不合格品记录时要掌握以下内容。

1.选择不合格品的记录方式

不合格品的记录方式有以下几种。

（1）品质检验记录表格，如IQC来货检验报告、PQC巡检表、产品检验单等。

（2）品质评审与处置记录，如IQC退货报告、品质鉴定单、不合格品报告、特采申请/报告、物料/产品报废申请表等。

（3）品质改善报告。

（4）各类品质分析报告，如“生产______部______月份品质状况分析报告。”

2.确定不合格品的记录内容

对不合格品的记录是为了方便进行品质追溯，以及为企业制订品质改善方案提供原始参考资料。所以，对不合格品的记录应包括以下具体内容。

（1）不合格品的名称、规格、颜色、编号。

（2）不合格品的生产订（工）单号、生产日期、生产部门。

（3）不合格品数量占总产量的比例。

（4）不合格品的缺陷描述。

（5）相关部门对不合格品的评审结论。

（6）对不合格品的处置意见及其实施结果的详细情况。

（7）针对不合格现象的纠正与预防措施及其实施效果。

总之，对不合格品的产生到处理的全过程进行记录，既是规范品质管理的要求，又可以为企业提供完整的不合格品的描述资料，为企业分析和改善产品品质提供重要的依据。

关键点提示

进行不合格品记录时要掌握以下内容：

1.选择不合格品的记录方式；2.确定不合格品的记录内容。

4.20 如何执行不合格品的预防和纠正措施

工作场景描述

当企业准备制订措施，对不合格品的产生进行预防和纠正时，可查看。

解读与分析

不合格品的出现存在多种原因，生产过程的各个环节出现偏差都会导致不合格品的产生，因此企业需要制订不合格品的预防和纠正措施。

1.执行不合格品的预防措施

（1）制订不合格品控制办法，规定不合格品的标识、隔离、评审、处理和记录办法，并对员工进行相关知识以及工作技能的培训。

（2）明确各部门、岗位的作业规范。

（3）明确部门之间、岗位之间、上下道工序之间的衔接方法。

（4）制订企业品质标准。

（5）制订检验部门职责及作业规范。

（6）制订不合格品的隔离管理办法。

（7）明确划分负责不合格品评审工作的部门和人员的责任与权限。

（8）加强对不合格现象的统计分析，以防止不合格现象重复产生。

2.执行不合格品的纠正措施

纠正是对已发现的不合格品进行缺陷、损毁的矫正、修理和再加工，使不合格品品质符合规定的标准。纠正措施主要包括以下几点。

（1）返工：为使不合格品品质符合规定标准而对其进行重新加工。

（2）返修：为使不合格品满足预期用途而对其进行修理。

（3）降级：为使不合格品符合不同标准而对其品质等级做出降低处理。

采取纠正措施时，不能仅局限于产生不合格品才去查找原因的事后处理办法，更应重视事前预防措施。

对产生不合格品的现象，企业应本着发现问题、分析原因、改进缺陷的原则，完成对不合格品管理上的计划、实施、检查、纠正（PDCA）循环。

对不合格品的纠正要按照“原因要查出，责任要分清，纠正措施要落实”的原则进行。

为保证预防和纠正措施的正确性、有效性，企业应制订一套完整的“不合格品预防和纠正措施管理办法”，来指导相关人员对不合格品进行预防和纠正，并纳入企业的品质管理计划，以彻底杜绝不合格品现象的产生。

对于不合格品预防和纠正措施，企业必须在实施前加以评价，实施中加以跟踪，实施后加以验证。

关键点提示

1.不合格品的预防措施包括：

（1）制订不合格品控制办法；（2）明确各部门、岗位的作业规范；（3）明确部门之间、岗位之间、上下道工序之间的衔接方法；（4）制订企业品质标准；（5）制订检验部门职责及作业规范；（6）制订不合格品的隔离管理办法；（7）明确划分负责不合格品评审工作的部门和人员的责任与权限；（8）加强对不合格现象的统计分析。

2.不合格品的纠正措施包括：

（1）返工；（2）返修；（3）降级。

第5章

设备物料管理常见问题

生产设备是企业进行现场作业的重要工具，也是生产的基本要素之一，更是提高生产效率、实现生产目标的重要保证。因此，企业必须在设备保养的基础上对设备进行综合管理。设备在加工作业过程中会有不同程度的磨损，企业应该根据加工对象的特点，判断设备的磨损程度，然后制订设备维护制度，定期对设备进行维护，排除设备故障。这样才能使各种生产设备保持良好的运行状态，提高企业的生产效率。

物料是现场生产必不可少的生产资料，企业要根据生产的需要，对物料储备、堆放、搬运、盘点进行科学的安排、处置，以保证生产需要，杜绝浪费，实现高效生产和节约生产。

5.1　如何合理使用生产设备

工作场景描述

当企业要制订生产设备的使用规范，以保证设备具有良好的性能时，可查看。

解读与分析

合理地使用生产设备，可以减轻设备的磨损程度，保证其具有良好的性能和应有的精度，从而充分发挥设备应有的生产效率。在使用生产设备时，企业应注意如下几点。

1.合理安排设备的生产任务

应根据设备的特点，恰当地安排生产任务。各种设备的结构、性能、精度、使用范围各不相同，只有根据每种设备的技术特点来安排生产任务，才能保证设备正常运转，保证生产安全，延长设备使用年限，减少设备的维修次数及费用。

2.合理配备设备操作人员

企业应当为设备配备相应的操作人员，并要求操作人员熟悉并掌握设备性能、结构、加工范围和维护保养技术，为此应该做到以下几点。

（1）定人定机。为了规范操作人员的岗位责任，确保操作人员正确使用设备和对设备进行日常维护保养，应实行定人定机制度，要规定操作人员的基础职责、基本权利，对其的基本要求和奖惩方法。

（2）公用设备应落实维护人员，明确维护责任。多人操作的设备实行设备负责人制，由负责人负责设备的使用和维护。

（3）凭证操作。操作人员在独立使用设备前，必须接受技术基础理论的教育和实际操作技能培训，考核合格后发给操作证，方可上机独立操作。操作证由有关部门统一签发，操作证上应写明能操作的设备型号。

3.创造良好的设备运转环境

企业应为生产设备创造良好的运转环境，不仅要严格控制高精度设备运转环境的温度、湿度，做好防尘、防震等工作，也要为普通精度的设备创造适当的条件，使之能正常运转。操作人员在使用设备时要做到以下几点。

（1）准时润滑：按时加油、换油，油质符合要求，油壶、油枪、油杯齐全，油毡、油线、油标清洁，油路通畅。

（2）操作安全：实行定人定机和交接班制度，遵守操作规程，合理使用，同时要监测异常情况，避免发生事故。

（3）整齐完好：工具、工件、附件摆放整齐，安全防护装置齐全，线路、管道完整。

（4）保持清洁：设备内外清洁，各滑动面、丝杆、齿条、齿轮无油垢、无碰伤，各部位不漏水、不漏油，将切屑等垃圾清理干净。

4.严格执行设备作业制度

应制订并严格执行设备作业制度。作业制度是指导工人操作、维护和检修设备的技术规范。正确制订和贯彻执行作业制度，是合理使用设备的重要保证。

操作人员应做到以下几点。

（1）会操作：操作人员要学习设备操作规程，经过一段时间实习，取得操作合格证后方能独立操作。

（2）会维护：学习和执行维护规定，保持设备完好、清洁。

（3）会检查：了解设备结构、性能和易损零部件的相关知识，以及设备正常与异常现象，协同维修工进行检查并找出问题。

（4）会排除故障：熟悉设备结构特点，懂得设备拆装，会做一般的调整，协同维修人员排除故障。

5.明确设备的完好标准

设备完好的标准主要体现在如下几方面。

（1）设备运转正常，零部件齐全，安全防护装置完整良好，磨损腐蚀程度不超过规定的标准，操作系统、仪器仪表和润滑系统工作正常。

（2）原材料、燃料、润滑油等消耗量正常，基本无漏水、漏油、漏气、漏电现象。

总之，合理地使用生产设备，可以延长设备的使用寿命，保持设备的正常生产效率，保证加工出来的产品符合质量要求。企业应该高度重视生产设备的使用问题，确保生产设备持续、稳定运转。

关键点提示

合理使用生产设备的要求有以下几项：

1.合理安排设备的生产任务；2.合理配备设备操作人员；3.创造良好的设备运转环境；4.严格执行设备作业制度；5.明确设备的完好标准。

5.2　如何判断生产设备的磨损程度

工作场景描述

当企业要了解生产设备的磨损程度，掌握生产设备的实际使用状况时，可查看。

解读与分析

生产设备在使用中必然要产生磨损，而磨损或多或少会影响生产运作，严重时甚至会使生产中断。在正常情况下，设备的有形磨损主要是在运转使用中产生的磨损。所以，企业有必要掌握生产设备的磨损规律，对生产设备的磨损程度进行判断。企业在判断生产设备的磨损程度时，要掌握以下内容。

1.明确设备磨损的类型

（1）无形磨损。随着科学技术的进步，具有同样用途、性能的设备，价格将会不断下降，但性能和效率却会明显提高，这就会使原有设备的价值受到影响。这种磨损称为设备的技术磨损，也叫无形磨损。

（2）有形磨损。设备在使用过程中不断生产出产品，自身价值在运转中被消耗，设备零部件被磨损，降低了原有的性能。这就是设备的有形磨损，也叫物质磨损。

设备的有形磨损又可分为两种：一种是设备在运转中受到机械力的作用，由于振动、摩擦和疲劳等原因，致使设备及其零部件的实体产生磨损；另一种是指设备在闲置过程中，由于自然力的作用，加上保养和管理不善，导致自然锈蚀，丧失精度和工作能力。

2.判断设备的磨损阶段

（1）初级磨损阶段。初级磨损阶段为有形磨损的第一阶段，此时由于设备运转，产生摩擦作用，设备各零部件表面上的高低不平处以及脱碳层、氧化层很快被磨平。这时设备可以表现出较高的生产效率，但此阶段持续时间较短。

（2）正常磨损阶段。此阶段为有形磨损的第二阶段，设备磨损量随时间逐渐增加且较缓慢。设备这时可以有很高的生产率及很强的加工能力，此阶段持续时间较长。

（3）严重磨损阶段。此阶段为有形磨损的第三阶段，此时磨损量剧烈增加，最后会损坏零件，导致设备停车。而在此时或之前，设备的精度、性能和生产率都大为降低。所以，一般是不允许零件使用到严重磨损阶段的，在零件趋于正常磨损阶段后期时，相关人员就应对其加以修复或更换。

3.确定减少设备磨损的对策

为使设备长期处于良好的运作状态，必须做到以下几点。

（1）合理使用和经常维护设备，以延长零部件的正常磨损阶段。

（2）加强对设备的检查，在零件尚未达到严重磨损阶段时就进行修理。

（3）通过试验确定易损零部件在正常条件下的磨损率和使用期限，有计划地进行更换修理。

总之，设备磨损是生产中的必然现象，为了使设备经常处于良好运转状态，企业必须做到合理使用、经常维护设备，以延长零部件的正常磨损阶段；加强对设备的检查，在零部件尚未达到严重磨损阶段时就进行修理，以防止设备出现故障，避免生产停工。

关键点提示

判断生产设备的磨损程度时要掌握以下内容：

1.明确设备磨损的类型；2.判断设备的磨损阶段；3.确定减少设备磨损的对策。

5.3　如何修理生产设备

工作场景描述

当企业准备制订生产设备的修理计划和实施设备修理时，可查看。

解读与分析

生产设备的修理，就是修复由于正常的或不正常的原因引起的设备损坏，包括各类计划修理和计划外的事后修理。其实修理是对设备有形磨损的局部补偿，是现场生产的重要组成部分。

1.选择修理方式

（1）预防维修。根据维修计划和预防性检查发现设备问题并进行的维修，称为预防维修，包括以下两点。

①定期修理：间隔一段时间即进行修理。

②检查维修：以设备运行状态为基础的预防维修，通过检查设备的运行状态，根据需要选择时机安排修理。

（2）事后维修，指发生故障后进行的修理工作。

企业应根据自己的生产特点、设备特点、故障规律、资源等情况选择修理方式，制订不同类型设备的维修对策。

2.编制修理计划

设备修理计划的主要内容，是确定计划期内的修理对象、类别，修理日期、工时及所需用的物资、费用等。其需用的参数大致有以下几种。

（1）修理难度系数。该系数用F表示，用于衡量设备修理复杂和难易程度，由设备结构的复杂程度、规格、尺寸、工艺特点和维修性等因素决定。设备愈复杂，精度愈高，尺寸愈大，其修理难度系数就愈大，耗用的修理工作量也愈大。

（2）修理劳动量定额。修理劳动量定额又称修理工时定额，是指企业为完成设备的各种修理工作所需用的劳动量，通常用工时数来表示。

（3）修理停歇时间定额。修理停歇时间定额，是指从设备停机修理到修理结束，经验收重新投产所经历的时间，它是根据设备的修理难度系数等确定的。

修理停歇时间定额（工作日，T）=设备的修理难度系数（F）×修理劳动量定额（小时，t）/［一个班内同时修理该设备的人数（L）×每班工作时间（小时，g）×工作班次（m）×修理劳动量定额完成系数（k）］+其他停机时间（To）

（4）修理费用定额。修理费用定额是指修理设备所花费的各种费用（包括材料费用、人员工资等）定额，是根据修理难度系数和修理劳动量定额，结合企业的具体情况确定的。其计算公式为：

$$G_F=D_{Z总}N_F+\sum(C_gC_a)+D_{Z总}J_C$$

式中，G_F为单位修理难度系数修理费用定额；$D_{Z总}$为单位修理难度系数总工时定额；N_F为每小时工资费用、工资附加费用、辅助工资等；C_g为单位修理难度系数各种物料消耗定额；C_a为各种物料单价；J_C为每小时分摊的车间经费（即车间经费分配率）。

（5）修理周期。修理周期是指相邻两次设备大修之间的时间间隔，或新设备从开始使用到第一次大修的工作时间（用实际运转时间或产量表示）。修理周期是根据设备结构、工艺特性、生产类型、零件允许磨损极限和维修水平等因素综合确定的，其中决定性的因素是主要零件的使用期限和工作班次。

（6）修理间隔期。修理间隔期是指相邻两次设备修理（不论大、中、小修）的间隔时间。修理间隔期主要根据设备的实际开动台时和易损件的使用期限，日常维护、检查情况确定。

（7）修理周期结构。修理周期结构是指一个设备修理周期内应该采取的各种计划检修的类别、次数和顺序。不同的设备或不同的修理制度，可以有不同的设备修理周期结构。

设备的修理计划一般可分为年度、季度和月度计划。年度计划又可分为车间的年度修理计划，主要设备的大、中、小修理计划和高、精、尖、特种设备的大修理计划等。年度计划会大体上对计划期需要修理的设备数量、修理类型和修理时间做出安排，而季度和月度修理计划将详细安排具体的修理项目、修理劳动量和修理停歇时间等。

设备类型不同，生产条件不同，其修理周期就不同。编制修理计划时，要注意修理计划与生产计划之间、修理能力与修理任务之间的统筹平衡，要优先安排对产量、质量、成本、交货期、安全卫生和作业人员劳动情绪影响大的重点设备与关键设备的维修工作，并要充分考虑生产技术准备工作的工作量、进度和能源供应等因素的制约。

3.实施设备修理

制订修理计划以后，企业应选用适当的方法实施设备修理，以提高修理效率，减少修理费用。常用的方法主要有以下几种。

（1）分解修理法。将一台需要修理的设备分解为几个相对独立的部分，按一定的顺序分批分期安排修理，每次只修一个或几个部分。这样能化整为零，不占用生产时间进行修理，以提高设备利用率。此种修理方法比较适用于具有相对独立部件并易拆卸的设备以及生产任务重、修理时间长的设备的修理。

（2）联合修理法。将在生产工艺上紧密关联的几台设备安排在同一时期修理，实现修理同步化。与分解修理法相比，这种修理方法停机时间少得多，可以减少修理停机所造成的损失。联合修理法比较适用于流水线设备和联动设备中的主机、辅机及其配套设备等的修理。

（3）零件修理法。以设备的零件为修理单元，当修理设备时，拆下所需修复的零件，换上同类备用零件继续运转。这样能大大缩短修理停歇时间，但条件是需要有相当的储备零件，占用一定的流动资金。故此种修理方法多用于流水线设备、动力设备、关键设备和数量多的同类设备的修理。

总之，设备修理是现场生产过程中的任务之一，企业既要做好修理计划，定期检修，又要在故障发生后采用合适的方法进行修理，尽量减少生产延误时间。

关键点提示

生产设备的修理包括以下内容：

1.选择修理方式；2.编制修理计划；3.实施设备修理。

5.4 如何制订设备修理制度

工作场景描述

当企业准备根据自身情况，制订设备修理制度时，可查看。

解读与分析

为了更好地实施设备修理，明确设备修理规范，企业有必要制订设备修理制度。企业可以根据自身情况，制订设备修理制度。

1.采用计划保养修理制

计划保养修理制（简称计划保修制），是有计划地对设备进行分类保养和修理的一种修理制度，一般由三级保养和大修理组成。计划保养修理制明确规定了各种设备维护保养和大修理的周期、内容和要求。到了计划规定期限，企业就必须按规定对设备进行强制保养并按计划进行检查和大修。

计划保修制注重以防为主、保修并重和专群结合，通过制度将操作和维修结合到一起，共同保证设备的完好状态。我国的机械、交通等行业在设备维修中多采用计划保修制。但在执行强制保养和大修计划时，会造成某些设备或设备的某些部位维修不足或维修过剩，因此，该制度还有待进一步完善。

2.采用计划预防修理制

计划预防修理制（简称计划预修制），是以设备故障理论和磨损规律为依据，对设备进行有计划的预防性维护、检查和修理的一种修理制度。计划预修的内容包括日常维护、定期清洗及换油、定期检查和计划修理。

计划修理，按照对设备性能的恢复程度，可分为大修、中修和小修三种。大修指将设备全部拆卸开来，修理基准件，修理主要大型零件及其他所有不符合要求的零件，使设备恢复原有精度；中修指拆卸分解设备中需要修理的部位，修理主要零件和不能使用至下次修理时间的零件，使设备的主要精度达到工艺要求，个别精度难以恢复时，延至下次大修时解决；小修指拆卸部分零部件，对工件进行加工试验，使其达到工艺要求。

计划修理的方法，一般有检查后修理、标准修理和定期修理三种。

（1）检查后修理。根据零件的磨损情况和趋势，制订设备检查计划，预先规定检查的频率和日期，再根据检查结果编制修理计划，具体确定修理时间、类别和修理工作安排等。

（2）标准修理。根据零件的磨损规律和使用寿命，预先规定设备的修理日期、类别、内容和工作量，届时不管设备的实际技术状况如何，都必须严格按照计划规定进行修理。标准修理一般仅适用于对安全运行要求较高的关键设备或自动生产线设备。

（3）定期修理。根据设备的实际使用情况，参照有关检修定额标准，预先定出大致的修理日期、次数和内容，届时再根据修理前检查的结果，具体确定修理时间、项目和工作量。定期修理有利于降低修理费用，提高修理质量，是比较普遍的修理方式。

3.采用预防维修制

预防维修制，是由多种维修方式有机结合形成的一种综合性维修制度。它根据不同的故障类型以及维修费用与故障损失等因素，在不同阶段，对不同设备采用不同的维修方式。

4.采用全员参与维修制

全员参与维修制（TPM）是以提高设备综合效率为目标，以设备的整个寿命周期为管理对象，要求全员参加的现代设备维修制度，具体包括以下几个方面的内容。

（1）指导原则是全效率、全过程和全员参加。全效率即综合效率，要求设备从规划、设计、制造、安装、使用、维修、改造，直到报废，达到最高综合效率。全过程是指对设备的整个寿命周期进行系统管理，并建立相应的管理体系。全员参加是指一切与设备管理有关的部门和人员，上至厂长、经理，下至操作工、维修工，都要参加设备管理活动。

（2）采取系统化维修方式。在设备寿命周期各阶段中，分别采取相应的维修方式：在设计、制造阶段采取预防维修方式；在使用阶段，则强调在日常点检和定检的基础上分别采取预防维修或事后维修方式；在设备进入严重故障期后，则要更加注意改善维修等，逐步建立监测系统，向预防维修方向发展。

（3）突出重点设备。根据设备对产量、质量、成本、交货期、安全卫生和作业人员劳动积极性的影响程度，来评定划分重点设备与非重点设备（或重点、非重点项目），从而进行分级管理。这样既可以节约维修费用，减少损失，又能满足生产经营的需要。

（4）注重分析维修记录。企业要对设备的安装、运行、故障及维修进行记录和统计，并以维修记录为依据，统计分析设备的故障状况，通过统计、分析掌握故障规律、故障影响，从而明确维修方向并制订对策。

总之，制订设备修理制度可以为现场生产的修理工作制订可执行的标准和规范，使全体工作人员认识到设备修理的重要性，从而有利于延长设备的使用寿命，减少损失。

关键点提示

企业可以选择以下几种修理制度：

1.采用计划保养修理制；2.采用计划预防修理制；3.采用预防维修制；4.采用全员参与维修制。

5.5 如何进行设备的安装调试

工作场景描述

当企业购置了新设备，准备进行安装调试时，可查看。

解读与分析

企业为了扩大生产、更新设备或出于其他目的，经常要购置新设备，在使用新设备进行生产之前，应该对新设备进行安装、调试。设备的安装、调试可以按以下步骤进行。

1.安装准备

设备安装准备工作应在设备到货前完成。设备安装准备工作主要包括以下几项内容。

（1）编制必要的设备作业指导书，并按工艺规程准备好原材料或加工工件，以及必要的工艺装备。

（2）提前培训设备安装人员。参加设备安装的工作人员必须经过培训，以保证设备安装的效果和质量。

（3）检查、确定设备安装布置图。

（4）设计设备基础施工图。

（5）清除安装场地上的障碍物，为设备安装提供足够的、有效的空间。

（6）必要时改善安装地点的环境条件。

（7）检查必要的辅助设施，如电源、进水口和出水口等。

2.开箱验货

当新设备到货后，应该立刻开箱验货，如发现有明显不符合要求的情况，可以尽早退货或换货，以免影响生产运作。开箱验货时主要检验以下内容。

（1）检查内、外包装情况，看内、外包装是否有损坏的地方。

（2）检查到货的设备型号、规格、附件等是否与合同规定和包装箱上标明的相同。

（3）按零部件装箱者，检查实际装箱情况是否与装箱单相符。

（4）从外观上检查设备零部件是否有锈蚀、损坏现象。

（5）检查随机技术文件（说明书、合格证等）是否齐全，是否是该设备的技术文件。

（6）当设备经初步检验没有问题时，现场各生产相关部门就可以着手进行安装、调试了。

3.安装设备

（1）设备定位。按照工艺技术部门绘制的设备工艺平面布置图及安装施工图，设备轮廓尺寸、相互间距等要求划线定位，组织工作人员进行基础施工并将设备搬运就位。

设备的安装定位，除要满足安装工艺布置要求外，还要重点考虑以下几个因素。

①应考虑产品加工条件（包括环境温度、粉尘、噪声、照明、振动等）。

②应方便工件的存放、运输，清理切屑，符合定置管理和文明生产的要求。

③应满足设备安装、维护、操作安全的要求。

④考虑厂房的跨度，门的宽度和高度，设备运作所需的必要空间。

⑤应考虑燃料、动力供应和劳动保护。

（2）设备安装找平。设备安装找平的目的是保持设备的稳固性，减轻设备振动（精密设备易受振动影响），避免设备变形，产生防止设备不合理磨损，保持设备加工精度等。

进行设备的安装找平时，应先选定基础面，按说明书和有关规定，安装垫铁及选用地脚螺栓等。

4.调试设备

在安装好设备后应进行设备的调试，检验设备的实际运转能力。设备的调试可采用以下几种方法。

（1）空运转测试。这种方法用于检验设备安装的精度，以及传动、控制、操纵、润滑、液压等系统是否正常，检验设备运转的灵敏性等以及设备在运转状态下所产生的噪声、振动等情况。

（2）负荷测试。这种方法主要用于检验设备在一定负荷下的实际工作能力，可结合产品进行加工试验，在测试中主要检查轴承的升温情况，液压系统的传动、操纵、控制情况，自动、安全等装置的工作是否正常、安全、稳定。

（3）精度考验。一般应在负荷测试后按说明书的规定进行设备各项精度的考验。根据有关规定和生产性质，对设备的各项精度指标进行测试。

5.验收设备

调试完毕后断开动力源，然后做好设备几何精度、加工精度的检查记录，其他机能的试验和设备试运转中的情况（包括在试车中的故障排除情况）记录。

最后对整个设备运转情况做出评定结论，填写“设备验收单”，办理移交生产的手续，“设备验收单”上要注明试运转验收人员及日期。

总之，当企业购置设备后一定要做好安装、调试工作，并全面测试新设备的各项生产指标，这样才能保证该设备真正满足生产的需要，避免因设备质量问题而给企业造成损失。

关键点提示

设备安装、调试的步骤如下：

1.安装准备；2.开箱验货；3.安装设备；4.调试设备；5.验收设备。

5.6　如何防止生产设备发生故障

工作场景描述

当企业要制订生产设备故障的预防措施、延长设备的使用寿命时，可查看。

解读与分析

企业都希望能延长生产设备的使用寿命，减少设备故障出现的频率，保持设备正常的生产效率。为了达到这一目的，企业在生产过程中要做到以下几点。

1.端正设备维护思想

有些企业对设备的维护、保养持以下一些看法。

①设备即使发生故障，只要问题不大，也可继续生产。

②设备发生故障后不用对设备采取修理措施，只需叫制造厂家来处理即可。

③设备出故障是因为质量不好。

④设备是用坚硬的金属制造的，不会轻易损坏。

如果企业有上述看法，那么就需要端正设备维护思想了。对设备维护保养，企业应该持以下态度。

①努力维护设备是必要的。

②必须使设备操作顺序标准化。

③制订设备故障的预防对策或者开展设备维护保养工作应成为全体员工的共同活动。只有全员重视和参与，才可以有效地防止生产设备出现故障。

2.实施设备保养

设备的保养工作依据其工作量大小、难易程度，可划分为三级：日常保养（例行保养）、一级保养、二级保养。

（1）日常保养。日常保养的内容有以下几点。

①实时检查。检查皮带是否松动；检查制动开关是否正常；检查安全防护装置是否完整；检查设备易松动的部件是否坚固；检查设备运作环境是否清洁，有无障碍物。

②润滑保养。润滑保养是日常保养的重要内容。企业要做好设备润滑的“五定管理”工作，把日常润滑工作规范化、制度化，以保证润滑工作的质量。

a.定点。根据润滑图表上的润滑点、检查点，进行加油、添油、换油，检查液面高度及供油情况。

b.定质。确定设备润滑部位所需油料的品种、品牌及要求，保证所加油的油质合格。采用或掺配代用油料时，要有科学根据。保持润滑装置、器具完整清洁，防止污染油料。

c.定量。按规定的数量对设备的各润滑部位进行日常润滑，要搞好添油、加油和油箱清洗等工作。

d.定期。按润滑卡片上规定的间隔时间加油，并按规定的间隔时间进行抽样检验。

e.定人。按图表上的规定分工，安排工作人员分别负责加油、添油、清洗换油，并确定负责抽样送检的人员。

设备使用部门应编制润滑“五定管理”规范表，具体规定哪台设备、设备的哪个部位用什么油、加油（换油）周期、用什么加油装置、由谁负责等。日常保养通常由操作工人进行。

（2）一级保养（又称定期保养）。一级保养的内容包括以下几点。

①清扫、检查电气箱、电动机，做到电气装置固定整齐，安全防护装置牢靠。

②清洗设备相关附件及冷却装置。

③按计划拆卸设备的局部重点部位，并进行检查，彻底清除油污，疏通油路。

④清洗或更换油毡、油线、滤油器、滑导面等。

⑤检查磨损情况，调整各部件配合间隙，紧固易松动的各部位。

一级保养是以操作工人操作为主、维修工人操作为辅的工作。

（3）二级保养。二级保养的内容如下。

①对设备进行部分解体检查和修理。

②对主轴箱、变速传动箱、液压箱、冷却箱进行清洗并换油。

③修复或更换易损件。

④检查、调整、修复精度，将精度校正到正常水平。

二级保养是以维修工人操作为主、操作工人操作为辅的工作。

日常保养是每天的例行保养。通常来讲，当设备累计运转500小时时，可进行一次一级保养，保养停机时间约8小时。二级保养要保证主要精度达到工艺要求，二级保养的周期视设备具体情况而定，一般设备每运转2 500小时，就要进行一次二级保养，停机时间约32小时。

3.实施定期点检

定期点检是指设备检查人员凭感官以及专用检测仪表工具，对重要设备的性能状况、缺陷、隐患以及设备的劣化程度进行的定期检查，为确定设备的大修、中修方案提供依据。点检时间周期的长短要按设备的具体情况划分，可为一周、半月、一月、数月等。

（1）定期点检实施程序。

①确定定期点检的主要负责人员。设备的定期点检人员需具备专业知识和检查经

验。企业要想圆满完成点检工作，应根据情况，正式公开认定点检人员的检查资格。

②在定期点检中，涉及法律法规之处要重点进行点检。

③制作定期点检检查表，根据它来点检。

④点检时若发现故障，即使对运转无碍，也要进行维修。

⑤制作点检记录。日常点检、定期点检都要进行记录，对异常或者故障的内容进行分析，这有利于预防保养。

（2）实施点检作业。

点检员根据设计好的点检计划表，按照修正好的点检路线逐点确认设备设定部位的状态。对于近期修理过的部位（点）或曾经出现异常故障时抢修过的设备（部位、点），必须做进一步的诊断性检查和确认，在检查过程中及时处理发现的问题，尽量收集有关设备状态信息，进行分析处理。

总之，生产设备能否在其生命周期内良好地运转，除了取决于是否合理地使用外，在很大程度上还取决于设备的保养和维护是否到位。如果保养维护工作做得好，就能减少设备修理的次数和工作量。

关键点提示

防止生产设备出现故障的措施包括：

1.端正设备维护思想；2.实施设备保养；3.实施定期点检。

5.7 如何评价设备的运行状态

工作场景描述

当企业要评价现有设备的运行状态时，可查看。

解读与分析

在进行设备管理过程中，企业必须评价设备的实际运行状态，了解设备管理的实施情况和改进方向，这对于企业的现场生产大有帮助。企业评价设备运行状态时，可以通过计算下列指标进行。

1.设备生产性能指标

各指标计算公式如下：

设备综合效率=（作业时间–停机时间）/作业时间×100%

设备小时生产量=生产量/作业时间×100%

设备小时加工量=（生产量–材料费）÷作业时间×100%

2.设备故障指标

各指标计算公式如下：

故障频度=故障次数÷作业时间

故障强度=故障停止时间÷作业时间×100%

故障损失金额=减产金额+保养费

故障对策有效率=有效对策数÷总对策数×100%

3.设备维护保养指标

各指标计算公式如下：

每台设备制造成本的维护保养费=维护保养费÷制造成本×100%

每台设备生产数量的保养费=保养费÷台数或保养费÷产量

每一个保全人员的保养费=保养费÷人数

每台设备原价的保养费=保养费÷设备价格

保养资材库存率=库存额÷产额×100%

保养点检率=实际点检设备数÷需要点检设备数×100%

月维护保养时间=维护保养时间×人数

每台设备生产量维护保养费=维护保养费/产量×100%

维护保养费=修理费+维护保养材料费+维护保养人员劳务费

总之，影响设备运行状态的因素有许多，评价设备运行状态时应综合考评上述各项指标，找出造成设备运行效率低下的主要原因，以延长设备的使用寿命。企业应在保证设备保养质量的前提下，降低设备保养成本，加强全方位的设备管理，减少因设备故障造成的停产损失。

关键点提示

评价设备运行状态时要做好以下工作：

1.计算设备生产性能指标；2.计算设备故障指标；3.计算设备维护保养指标。

5.8 如何推行 TPM 活动

工作场景描述

当企业要推行全员参与的生产设备保养活动时，可查看。

解读与分析

TPM是英语“Total Productive Maintenance”的缩写，本意是“全员参与的生产保全”，是企业中从管理者到作业人员全体参与的生产设备保养活动，是通过设备导向模式的管理将现有设备最高效率地利用起来的管理方式。TPM已经成为越来越多的生产企业采用的设备管理方式。TPM活动的最终目标是“3S”，即员工满意（Employee Satisfaction），客户满意（Customer Satisfaction）和社会满意（Society Satisfaction）。企业推行TPM活动，可从以下几方面入手。

1.确定TPM主要目标

（1）最大限度地提高设备的利用率。

（2）追求一切“零损失”。

（3）强化设备运作条件，保证产品质量。

（4）减少设备的损失，这些损失包括：故障损失、调整损失、空转和停机损失，以及速度异常损失。

2.明确TPM的生产关联指标

（1）设备总效率。

设备总效率=时间稼动率×性能稼动率×良品率

其中，时间稼动率为负荷时间与设备扣除停机后实际稼动时间的比率，性能稼动率=速度稼动率与实际稼动率的乘积，库存月数=成品、半成品、原材料的在库金额/成品出库金额，良品率=实际制成的良品数量与产品加工数量之比。

（2）MTBF（Mean Time Between Failure），平均故障间隔时间。

MTBF=负荷时间÷总故障数

（3）MTTR（Mean Time to Repair），平均修复时间。

MTTR=故障停止总时间÷总故障数

目标指标一般包括故障率，生产率，废品率，节能、安全指标等。

3.确定TPM的推进过程

企业最高管理层要重视TPM的推进工作，并做好相应的宣传工作，进行相关人员TPM知识的培训。

（1）建立TPM的推进组织机构。TPM的推进组织机构应从企业最高TPM推进委员会到各分厂、车间、工段TPM推进委员会，直到TPM小组，层层指定负责人，明确权力责任。

（2）制订明确的TPM推进目标和计划。要制订明确的TPM推进目标，明确具体目的是什么，应达到什么程度以及何时完成目标。

TPM推进计划应包括以下主要内容。

①创建模范生产线，以榜样带动全体，全面提高设备的生产效率。

②建立设备自主保养程序。

③建立设备计划保养制度。

（3）调查设备使用情况，组成专案小组进行讨论分析，对TPM的主题及目标进行改善，并制订改善计划。

（4）建立设备自主保养机制。建立设备自主保养机制的目标是使设备达到应有的状态，开展防止设备劣化的活动。设备自主保养机制是指自己的设备自己维护，由操作者对自己的设备进行维护，即由企业员工自主对企业设备实施全面的管理和维护。设备自主保养机制是TPM的核心内容。

建立设备自主保养机制的步骤如下。

①初期清扫。活动内容是除去设备附近的灰尘和垃圾。进行现场诊断的要点应包括：清除灰尘和脏物，排除环境因素所造成的不利因素，找出潜在缺陷并处理。

②拟订问题发生源即困难部位对策。防止灰尘、油泥污染，改进难以清理部位的状况，减少清洁困难。对问题发生源与难点问题的位置、产生原因进行调查分析，并进行书面整理统计。

③制订设备自主保养暂定基准并实施，逐台、逐点建立合理的设备保养标准并认真实施。

④制订点检人员的教育手册，使点检人员能够自主诊断设备问题。

⑤要做到每个工作场所的控制范围标准化，要有清洁润滑标准、现场清洁标准、工具部件保养标准等。

⑥彻底进行自主管理，使员工自觉、纯熟、充满信心地进行设备自主保养。

（5）通过建立培训体系，提高生产设备保养人员的工作技能。

总之，TPM是全员参与的设备管理活动，是现场生产管理的客观要求，企业要从上到下都清楚地认识到TPM活动的重要性和必要性，采用各种方法，根据推行的步骤，将TPM活动推向更高的层次。

关键点提示

推行TPM活动的过程包括：

1.确定TPM主要目标；2.明确TPM的生产关联指标；3.确定TPM的推进过程。

5.9　如何堆放生产物料

工作场景描述

当企业要掌握物料堆放的原则和方法，配合现场生产的需要时，可查看。

解读与分析

生产物料是现场生产作业的加工对象，为了配合现场生产的需要，在工作现场或仓库内会经常堆放一些物料，物料的堆放是否正确、科学直接影响着企业的生产效率。

企业要想正确、合理地堆放物料，须掌握以下内容。

1.明确物料堆放原则

（1）通路应有适当的宽度，保持装卸空间，这既可保持物料搬运的顺畅，又不影响物料装卸工作的效率。

（2）不同的物料应依物料本身形状、性质、价值等的不同而采用不同的堆放方式。

（3）充分利用空间。尽量采取立体堆放方式，以提高场地使用率。

（4）利用机器装卸，如使用加高机等，以增加物料堆放的空间，但要注意不要超过安全高度，以免造成安全隐患。

（5）物料应按加工的要求分类堆放，便于识别与运输。

2.选择物料堆放方法

（1）托盘堆放法。将物料码放在托盘上、卡板上或托箱中，便于成盘、成板、成箱地叠放和运输，有利于整体移动物料，提高物料的搬运效率。

（2）“五五”堆放。根据各种物料的特性，做到“五五成行，五五成方，五五成串，五五成堆，五五成层”，使物料叠放整齐，便于盘点和运输。

总之，物料是生产现场必不可少的、经常用到的生产资料，企业要本着方便生产的原则，根据企业生产的需要，按照科学的方法进行物料堆放。

关键点提示

物料堆放的原则有：

1.保证通路宽度，方便物料搬运；2.根据物料的不同形状、性质、价值采用不同的堆放方式；3.充分高效利用空间；4.利用机器装卸物料；5.按照物料加工要求分类堆放。

5.10 如何实施生产物料的搬运控制

工作场景描述

当企业要安全、有效地搬运生产物料，以提高生产效率时，可查看。

解读与分析

企业现场生产所需物料需要从仓库或现场物料堆放地搬运到加工地点，当生产出产品后也需要将产品搬运到下一个加工地点或仓库，所以进行生产物料的搬运控制是十分必要的。生产物料搬运控制的步骤如下。

1.选择搬运方法

（1）人工搬运，即全部使用人力搬运，不借用其他方法。此种做法既不安全，又不经济，更浪费体力和时间。此种方法只适合搬运距离很近、物料很轻、数量很少的物料。

（2）机器搬运。在物料或产品体积大、搬运距离长、方向固定的情况下，可使用卡车、输送带等机械方法搬运。此方法既节省人力和时间，又可提高生产效率。

以上各种搬运方法在生产中往往结合使用。

2.实施搬运控制

（1）选择搬运设备。使用与物资特点相适应的容器和运输工具（如托盘、货架、板条箱、集装箱、叉车、载重汽车等），加强对容器和运输工具的维护保养。

企业要想做好搬运过程中的防护，应做好以下几点。

①防止精密、特殊产品产生振动，避免温度、湿度等环境因素对设备产生不良影响。

②物料搬运过程中，如果要通过环境污染地区，搬运时应进行适当的防护。

③在工序间运送或搬运过程中，对易磕碰的物料关键部位进行适当的保护（如加保护套、防护罩等）。

④对易燃、易爆或对人身安全有影响的产品，应制订严格的搬运控制程序，并且在搬运过程中一定要小心、谨慎。

（2）清晰标明相关标识。在搬运物料外表或运输工具上一定要清晰标明物料的名称、数量，以防出现搬运错误，耽误生产。其中对有防振、防压等特殊要求的物料，搬运中要采取专门的防护措施和加以明显的识别标记，并注意保护标识，防止其脱落或被擦掉。

（3）培训搬运人员，确保他们掌握搬运操作规程。

（4）保证物料准时送至指定加工地点、仓库，并办好交接手续。

总之，物料搬运是现场生产的重要工作，决定着生产能否顺利进行。只有将物料搬运控制工作做好，才可以提高生产效率，保持正常的生产进度。

关键点提示

1.物料搬运方法有：

（1）人工搬运法；（2）机器搬运法。

2.实施物料搬运控制时应该：

（1）选择搬运设备；（2）标明相关标识；（3）培训搬运人员；（4）按时按要求运送物料，并办好交接手续。

5.11 如何进行生产线物料盘点

工作场景描述

当企业要了解生产线上现存物料的实际数量和质量时，可查看。

解读与分析

物料盘点方法大致分为两大类：一类是连续盘点法，一类是定期盘点法。连续盘点法指分配管理人员检查每日的物料收发情况，及时核对库存物料的账、卡、货是否相符，并每月对有变化的物料进行自查或轮番抽查；定期盘点法指由物料部门和财务部门有关人员组成盘点小组，按规定时间（如年中或年底）对物料进行全面清点。

盘点是指为确定仓库内或其他场所内现存物料的实际数量而进行的清点工作。企业在进行生产线物料盘点时，可依照以下步骤进行。

1.盘点前的生产线退料

生产线退料工作在平时就要进行，若在盘点时才进行退料，就会导致工作繁杂且不易进行。生产线退料工作必须进行得十分彻底，生产线所属工作场所应全面检查，彻底退料。生产线的退料对象包括以下几项。

（1）规格不符的物料。

（2）超发的物料。

（3）呆料、废料。

（4）不良半成品。

2.实施生产线物料盘点

生产线物料盘点工作主要有以下步骤。

（1）预先做好盘点准备工作。

（2）生产主管下令生产停工后，必须领导监督各车间、班组和流水线上的操作人员将手上的工作完成。

（3）所有操作人员将手上工作完成后，即安排操作人员将工作场地上的零件、半成品摆在明显位置，只留下盘点人员，其余人员迅速离开生产现场。

（4）按照生产线盘点单进行生产线盘点，对零件及各种半成品进行彻底检查。

（5）盘点后，应会同复查人员再盘点一次。若发现误差，应一起核实原因，再重新盘点。

（6）盘点完毕，收集所有生产线盘点单。

（7）安排人员汇总，做好盘点报表。

3.调查盘点差异

如果发现盘点所得物料数目与账目核对结果不一致，则应积极追查账物差异的原因。差异原因的追查可从下列几方面着手。

（1）是否确实存在账物不一致的情况？是否有因料账处理制度有缺陷而造成料账无法确实表达物料数目的因素存在？

（2）是否存在由于料账员素质过低而出现记账错误，或进料、发料的原始单据丢失造成料账不符的情况？

（3）是否存在因盘点人员工作不慎，或盘点人员事先培训工作做得不彻底而造成的账物差异？

4.改善盘点工作

（1）强化物料计划与库存管理以及采购的配合，以满足现场生产的物料供应。

（2）设法改进料架、仓储、物料存放地点。

（3）依据管理绩效，对分管人员进行奖惩。

（4）料账、物料管制卡的账面纠正。

（5）迅速处理呆、废料。

（6）加强调整、整顿、清扫、清洁工作。

（7）物料盘点工作完成以后，对发生的差额、错误，物料变质、呆滞、盈亏、损耗等结果，应分别进行处理，并防止以后再发生。

总之，进行生产线物料盘点可以确定物料的现存数量，并纠正账物不一致的情况，避免因账面错误而影响正常的生产计划。

关键点提示

生产线物料盘点的相关内容包括：

1.生产线退料；2.实施生产线物料盘点；3.调查盘点差异；4.改善盘点工作。

5.12 如何处理生产现场的呆废料

工作场景描述

当企业要详细了解生产现场呆废料的处理方法时，可查看。

解读与分析

呆料是指物料存量过多，耗用量极少，致使库存周转率极低的物料。这种物料可能偶尔耗用少许，甚至根本就不需动用。废料是指报废的物料，即经过长时间的使用，本身已严重破坏或已超过其使用年限，以致失去功能而无利用价值的物料。生产现场有时会出现呆废料，使正常的生产无法进行，因此企业不得不对它们进行处理。企业在处理呆废料时要掌握以下内容。

1.处理呆料

（1）查找呆料产生的原因。产生呆料的原因很多，主要有以下几种。

①变更销售计划时，生产计划没有随之变更。销售计划、生产计划的变更会造成物料计划的落空，从而增加呆料。

②等到准备生产时才发觉设计错误，因此准备的一部分物料变成呆料。变更设计后，企业若没有及时修正采购活动或存量，就会造成呆料的产生。

③产销协调不良，导致生产计划变更频繁或生产计划错误，造成备料错误，这些都可能产生呆料。

④生产线管理不善，企业对生产线物料的发放、领取以及退料管理不善，从而造成生产线呆料。

（2）处理呆料。

①改造呆料。有时将呆料在规格上稍加修改，就能加以利用。

②借新产品设计消化库存呆料。

③降价出售给原来的供应商。

④无法使用、出售、改造的呆料只能销毁，不能让其再占用场地。

2.处理废料

（1）查找废料产生的原因。

①不良产品的拆解所产生的、已无利用价值的零件或包装材料。

②库存物料长久未动用，陈腐不堪，从而失去使用价值。

③锈蚀机械设备超过耐用年限后，丧失使用价值，报废拆解后形成废料。

（2）处理废料。

①废料解体后，其中有许多有用的物料，如果可以重新使用，应该予以保留。

②废料解体后，其中的部分零件可作为残料加以利用。

总之，生产现场出现呆料废料是不可避免的，关键是要尽量减少其对生产的影响。生产计划部门、采购部门、质量控制部门等都应该认真履行职责，尽量避免让呆废料产生或将其送至工作现场。

关键点提示

处理生产现场的呆废料时要掌握以下内容：

1.处理呆料；2.处理废料。

5.13　如何制订物料消耗定额

工作场景描述

当企业要详细了解物料消耗定额的内容和制订方法时，可查看。

解读与分析

先进合理的物料消耗定额是在保证产品质量的前提下，大多数员工经过努力就可以达到的消耗定额。物料消耗定额可以分为工艺定额和供应定额。工艺定额包括产品或零件的净重和工艺性损耗。供应定额是在工艺定额的基础上，加上一定比例的非工艺损耗形成的。

物料是现场生产的对象。物料消耗数量是企业应该明确的，既要保证生产供应，又不要造成浪费。企业在制订物料消耗定额时要做好以下工作。

1.制订主要原材料的消耗定额

主要原材料，是指直接构成基本产品实体的物料，其消耗定额是按单位产品和零件制订的。为正确制订主要原材料消耗定额，首先要分析原材料消耗的构成。原材料消耗一般包括以下三部分。

（1）基本消耗，是指构成产品零件净重的材料消耗，是保证产品达到规定性能和技术要求所必需的消耗。

（2）工艺性消耗，指产品或零件在加工过程中产生的消耗。

（3）非工艺性消耗，包括由于供应条件的限制所造成的消耗和其他不正常的消耗。

物料消耗主要是基本消耗和工艺性消耗之和，非工艺性消耗和非正常的损耗，一般都不应计入物料消耗，因为有些损耗并不是直接与生产损耗有关的。还有些损耗虽然与生产损耗有关，但是，为了减少非工艺性消耗，促进物资管理水平的提高，这部分损耗通常都不计入物料消耗之内。考虑到物料管理水平和一部分非工艺性消耗难以避免的实际情况，应当在物料消耗定额的基础上，按一定比例计入物料供应定额之内。其计算公式如下：

单位产品原材料工艺性消耗定额=单位产品的净重+各种工艺性消耗总和

物料供应定额是企业计算物料总需求量，对外采购的依据，其计算公式如下：

单位产品原材料供应定额=工艺性消耗定额×（1+材料供应系数）

在计算消耗定额的基础上，按一定的比例加入一部分损耗量，该比例系数即为材料供应系数。

2.制订燃料消耗定额

燃料消耗定额可根据燃料的使用情况，分为以下几类。

（1）工艺用燃料消耗定额，一般是按产品（或零件、毛坯）重量来计算消耗定额。

（2）动力用燃料消耗定额，一般以发1kW・h电或压缩1m^3空气所需燃料为标准制订。企业可按照自身的生产用途情况分别制订动力用燃料消耗定额。

由于燃料的种类和质量存在差异，它们的发热量各有不同。因此，为了便于进行定额计算，燃料消耗定额均以标准燃料来计算（每千克标准燃料发热量为7000大卡）。将某种燃料使用量折合成标准燃料使用量的计算公式如下：

标准燃料使用量=某种燃料使用量×某种燃料每千克发热量（大卡）÷7000

3.选择制订方法

（1）统计分析法。这种方法通过分析以往同类产品物料消耗的统计资料，结合当前产品的特点和技术条件的变化，经过类比来制订物料消耗定额。在还未完成产品设计，需要申报材料需要量时，可以用这种方法做粗略估计。此方法较简单，但不够精确。

（2）技术分析法。技术分析法是指依据技术图纸和工艺卡片等主要技术文件，以相应的技术措施为基础，通过科学分析和技术计算，最后确定最经济、最合理的物料消耗定额。在采用这种方法之前，必须深入地分析产品图纸、工艺文件和实际生产条件，找出目前生产中存在的物料消耗不合理现象及其原因，再汲取先进技术经验和方法，结合本企业的条件，制订出既先进又切实可行的物料消耗定额。

这种方法准确、科学、可靠，但是计算工作量较大，对技术文件等资料的完整程度和详细程度要求较高。它主要适用于产品已定型、产量较大、技术资料较全的生产企业。

总之，合理的物料消耗定额既可保证满足现场生产的需要和现场生产的连续性，又可避免浪费。所以，企业在制订物料消耗定额时要结合自身产品特点，准确地制订。

关键点提示

制订物料消耗定额时要做好以下工作：

1.制订主要原材料的消耗定额；2.制订燃料消耗定额；3.选择制订方法。

5.14 如何制订物料储备定额

工作场景描述

当企业要制订物料储备定额，以保证生产持续进行时，可查看。

解读与分析

物料储备定额是指工业企业在一定的生产组织条件下，为确保生产的正常进行所必需的、最经济合理的物料储备数量标准。

物料供应部门和物料消耗部门两者的供求在时间、数量和地理位置上都可能存在差异，这就需要在物料储备这个环节上加以调节。生产物料储备是指已购入厂内，但尚未投入生产领域，在一定时间内需要在仓库内暂时存放和保存的物料。物料储备虽然存在于仓库内，但是从根本上来看是为现场生产需要服务的。

1.制订日常储备定额

日常储备是企业为了保证日常物料供应和生产任务的正常进行，在两次订货时间间隔内进行的物料储备。这种储备因生产部门对物料的不断耗用而对物料进行不断补偿，因而又叫周转储备。

日常储备定额的计算公式为：

某种物料日常储备定额=平均每日需要量×合理储备天数

平均每日需要量=计划期物料总需要量/计划期天数

合理储备天数=平均物料供应间隔天数+验收入库天数+使用前准备天数

平均物料供应间隔天数=∑（每次入库数量×每次进货间隔天数）÷∑每次入库数量

2.制订季节性储备定额

季节性储备是为了适应生产用料的季节性要求所进行的物料储备。季节性储备定额的计算公式是：

某种物料的季节性储备定额=平均每日需要量×季节性储备天数

式中，季节性储备天数根据生产需要和供应中断天数确定。

3.制订保障储备定额

保障储备，是指企业在厂外物料供应和厂内生产可能发生意外变动的情况下，为保证生产正常进行而进行的物料储备。保障储备定额的计算公式为：

某种物料保障储备定额=平均每日需要量×保障储备天数

式中，保障储备天数一般可按平均误期天数确定，其计算公式如下：

平均误期天数=∑（每次误期天数×每次误期时入库数量）÷∑每次误期时入库数量

4.确定物料的其他储备量

在确定经常储备定额和保障储备定额后，就能计算出企业需要的该种物料的平均储备量、最高储备量和最低储备量了，即：

平均储备量=经常储备量÷2+保障储备量

最高储备量=经常储备量+保障储备量

最低储备量=保障储备量

物料储备定额可以为确定物料订货量、采购量提供依据，是掌握和监督企业物料库存动态，使库存经常保持合理水平的依据。同时，它也是企业核定储备资金的依据。

总之，通过制订物料储备定额，企业可以清楚地认识到生产所必需的物料储备数量，从而有效地组织本企业的生产，防止难以预料的情况发生，使生产能平稳有序地进行。

关键点提示

制订物料储备定额包括以下内容：

1.制订日常储备定额；2.制订季节性储备定额；3.制订保障储备定额；4.确定物料的其他储备量。

5.15 如何计算物料需要量

工作场景描述

当企业准备确定物料需要量，要掌握其计算方法时，可查看。

解读与分析

物料需要量，是指企业为了完成计划期内的生产、维修、基建、技术改进等任务所必需的物料数量。计算物料需要量，是编制企业物料供应计划的重要环节。物料需要量是企业确定生产现场所需的物料供应量的重要依据，企业在计算物料需要量时要计算以下内容。

1.计算主要原材料的需要量

主要原材料的需要量是与产量有直接联系的，是企业需要计算的重要内容，它们大多有消耗定额。其计算公式如下：

某种主要原材料的需要量=（计划产量+技术上不可避免的废品数量）×工艺消耗定额–计划回用废品数量

2.计算辅助材料的需要量

辅助材料的需要量，一般是按照其各种用途分别计算的。有的辅助材料有消耗定额，其计算公式为：

某种辅助材料的需要量=（计划产量+废品量）×某种辅助材料的消耗定额

有的辅助材料没有消耗定额，其需要量可根据企业自身情况来计算，如根据产值同辅助材料的需要量的比例关系来估算。

3.计算动力需要量

（1）计算电力需要量。企业用电主要分为工艺用电和照明用电等，不同用途的电力，其需要量计算方法不同。工艺用电需要量，通常是按计划产量和电力消耗定额直接计算的。照明用电需要量，一般是按灯头数、照明时间、灯光强度等因素来计算的。

（2）计算燃料需要量。工业企业需要的燃料，主要用于工艺过程、生产动力、运输等方面。燃料需要量一般根据消耗定额直接计算。工艺过程用燃料的计算公式为：

实际品种的燃料需要量=计划产量 × 标准燃料消耗定额 ÷ 发热量换算系数

4.计算工具需要量

在大批量生产中，可按计划产品数量和工具消耗定额来计算工具需要量；在成批生产条件下，可按设备的计划工作台时数和设备每一台时的工具消耗定额来计算；在单件小批量生产条件下，一般采用每千元产值的工具消耗定额来计算。

5.计算设备维修用料需要量

设备维修用料需要量，一般是根据设备维修计划中规定的各级修理单位总数以及每一个修理单位的物料消耗定额来计算的。每个修理单位的物料平均消耗量的计算公式如下：

每个修理单位的物料平均消耗量=修理该类设备用料的全年消耗总量 ÷ 该类设备的全年修理单位总数

6.选择计算方法

不同种类、用途的物料，需要量的计算方法不同，一般可采用定额计算法和间接计算法两种。

（1）定额计算法又称直接计算法，用生产计划规定的产量乘以某物料的消耗定额，便可得到该种物料的需要量，如主要原材料、燃料的需要量可采用定额计算法。运用定额计算法计算物料的需要量比较准确，应尽可能地采用。

（2）间接计算法。当物料没有确定的消耗定额时，可按照一定比例来估算某种物料的需要量，如没有消耗定额的辅助物料可采用间接计算法。

物料需要量与物料供应量密切相关，根据物料需要量可以确定物料供应量。物料供应量是指计划期内企业需要外购的物料总量，它是按品种、规格来分别确定的。

总之，物料需要量计算得越准确，对生产的满足程度就越高，就越能有效地节约成本。因此，企业应选用恰当的方法，结合企业的具体情况，计算物料需要量。

关键点提示

1.物料需要量的计算包括以下内容：

（1）计算主要原材料的需要量；（2）计算辅助材料的需要量；（3）计算动力需要量；（4）计算工具需要量；（5）计算设备维修用料需要量。

2.计算物料需要量的方法有：

（1）定额计算法；（2）间接计算法。

5.16 如何确定在制品定额

工作场景描述

当企业要详细了解不同条件下的在制品定额的计算方法时，可查看。

解读与分析

在制品定额是指在一定技术组织条件下，各生产环节为了保证生产衔接所必需的、最低限度的在制品储备量。

一定数量的在制品是保证生产不断进行的必要条件。但是，如果在制品过多，又会使工作场所拥挤，产品生产周期延长，流动资金占用过多，运输保管费用增加。因此，必须合理地确定在制品定额。不同的生产条件下，在制品定额的计算方法是不同的，具体如下。

1.大量流水线生产条件下，确定在制品定额

（1）确定流水线内部的在制品定额。流水线内部的在制品，按其性质和作用来划分，有工艺在制品、运输在制品、周转在制品和保险在制品四种。

①工艺在制品。工艺在制品是指流水线上各个工作地正在进行加工或检验的在制品。其定额可以用下面的公式计算：

工艺在制品定额=工序数×每道工序的工作地数×一个工作地上同时加工的零件数

②运输在制品。运输在制品是指流水线内处于运输过程中的在制品。其定额可以用下面的公式计算：

运输在制品定额=（流水线工序数–1）×运输批量

一般只在连续流水线上计算运输在制品定额，而在间断流水线上，由于存在周转在制品，就不必重复计算运输在制品定额了。

③周转在制品。周转在制品就是流水线上相邻两道工序间由于生产率不平衡而形成的在制品。它们周而复始地形成与消耗，因此叫作周转在制品，又称流动在制品。

两道工序之间的周转在制品定额的确定，可以用下列公式来计算：

周转在制品定额=较高效率工序的延续工作时间×前工序工作地数÷前工序单件时间

周转在制品定额=较高效率工序的延续工作时间×后工序工作地数/后工序单件时间

④保险在制品。保险在制品，是当流水线某一环节发生意外事故时，为了保证整条流水线仍能正常工作而设置的在制品。一般在负荷较高的工序或容易发生故障的工序设置保险在制品。保险在制品定额通常是根据统计资料，用以下公式来计算：

保险在制品定额=消除工序故障的最少时间÷工序单件时间

保险在制品在动用后应及时补足，补足在制品一般利用节假日或第三班（非工作班）时间，或用在班内加紧工作的办法来解决。

（2）确定流水线之间的在制品定额。流水线之间的在制品，有运输在制品、周转在制品和保险在制品之分。在供应流水线的节拍（或节奏）与需求流水线的节拍（或节奏）相等时，流水线之间的在制品定额只包括运输在制品定额和保险在制品定额；节拍（或节奏）不一致时，则只包括周转在制品定额和保险在制品定额。

流水线之间的运输在制品和保险在制品，其定额计算方法与流水线内部的同类在制品基本相同。而周转在制品定额则取在制品积存量的最大值，其计算公式如下：

周转在制品定额=高效率流水线的延续工作时间÷供应流水线的节拍–高效率流水线的延续工作时间÷需求流水线的节拍

2.成批生产条件下，确定在制品定额

在成批生产条件下，确定在制品定额时，可按车间内部在制品或车间之间半成品来

计算。

（1）车间内部在制品。

车间内部在制品定额是指在制品在计划期末的占用量。在定期成批轮番生产情况下，车间内部在制品定额根据产品（或零件）的生产周期、生产间隔期和批量的资料，用图表法（表5-1）来确定。

表5-1　车间内部在制品定额

*T*与*R*的关系	生产周期 *T*/天	生产间隔期 *R*/天	*T*/*R*	在制品平均 占用量	在制品期末 占用量
$T=R$	10	10	1	一批	一批
$T>R$	20	10	2	二批	二批
$T>R$	25	10	2.5	二批半	三批
$T<R$	5	10	0.5	半批	一批

在不定期的成批生产条件下，车间内部在制品定额只能概略地按其平均占用量来计算，其计算公式如下：

$$周转在制品定额=生产周期\div生产间隔期\times批量$$

或

$$周转在制品定额=生产周期\times平均日产量$$

（2）车间之间半成品。

车间之间半成品是指处于车间之间中间仓库（如毛坯零件库）中的在制品，由周转半成品和保险半成品两部分组成。

周转半成品定额经常处于变动之中，因前车间半成品入库和后车间半成品领用的情况不同，有多种形式。其确定可以用图解法。周转半成品定额就是它计划期末的半成品定额。

总之，准确的在制品定额可以使生产衔接紧密，保证生产持续、不间断地进行，又不会占用生产用地，影响操作人员操作。

关键点提示

确定在制品定额的内容如下：

1.确定流水线内部的在制品定额；2.确定流水线之间的在制品定额；3.确定车间内部的在制品定额；4.确定车间之间的半成品定额。

5.17 如何实施生产线存品管理

工作场景描述

当企业进行生产线存品管理，要掌握其具体内容时，可查看。

解读与分析

从物料投入制造那一刻开始，到产品生产出来，生产制造过程中就一直存在着各种各样的停留在生产部门及生产线上的在制品。因此，企业有必要对这些存品进行管理。生产线存品管理的内容包括以下几点。

1.实施半制品管理

（1）明确半制品的定义。半制品即半成品，是生产过程中已结束某一特定工序并经检验合格，但尚待继续加工装备的中间性产品。在生产制造过程中，前一工序的完成品就是下一工序的半制品。

（2）同一生产线上的半制品管理。如果是在同一条生产线上，对半制品数量准确性的要求，就要高于其他由于加工方式不同而需要分部门进行加工的半制品。因此，在同一条生产线上半制品的遗失情况较少，也容易管理。

（3）不同部门加工出来的半制品管理。不同部门加工出来的半制品，由于加工时间和放置地点存在差异，经常会出现生产报表（统计资料）上的数量和实际的半制品数量不相符的情况。因此，不同部门加工出来的半制品，也需要进行准确记数、专人管理、定点存放，而且要特别注意半制品的数量不宜过多，只生产后道工序需要的数量即可，左右配对产品更要特别注意，要加强管理，避免产品数量相差太大。

2.实施良品管理

良品管理一般来说比较容易，但是制造部门常犯一个错误，即“超量生产”。当客户订单终止时，超量生产的部分就将变成无用的产品。因此，应依据订单进行生产。

3.实施不良品管理

对那些判别为不良品的制品，检查人员一定要标示清楚不良内容和数量，不良处要用红色箭头纸或红色油性笔标示清楚，并要用红色专用容器将不良品装入并摆放在指定的地方，待确认处理，切不可将不良品随意放置在车间内而转为他用。

对于可以分解、修理的不良品，一定要在当天分解、修理完成。将其中的不良部分取出，放入完全不良品盒中，做废弃处理。那些分解后重新组装（或修理）的完成品，经检查确认无误后，作为良品投入生产线，此项工作一定要当日完成。

所有不良品都要在当日登记在每日不良品统计表上，然后将不良品放置在指定的场所内，待日后统一处理。检查人员从事此项工作时，一定要做到日清、月结。

通常情况下，检查人员按检查基准确定出不良品后，一定要将不良品按不良内容区分并放入红色不良品盒中，以便班长做不良品分类以及不良品处理。

总之，半制品应按其加工的目的定点存放，安排专人看管，且不要生产过多，积压在作业现场内。而对不良品的管理，企业应安排检查人员定期巡检，并将不良品情况登记到不良品统计表上，便于统计和分析。

关键点提示

生产线存品管理的内容包括：

1.实施半制品管理；2.实施良品管理；3.实施不良品管理。